Die Autorin

Carolina Hehenkamp arbeitet seit den 90er-Jahren als Lehrerin, Heilerin und Beraterin im Bereich der Familientherapie, Lichtkörperarbeit und Farb- und Kristallheilkunde. Der Fokus ihrer Arbeit gilt dem harmonischen, glücklichen Zusammenleben der Familien von heute, in denen sich im täglichen Leben Freude und Fülle einstellen sollen.

Seit 2005 lebt und arbeitet Carolina Hehenkamp überwiegend im Süd-Pazifik, reist jedoch oft nach Europa, wo sie Lichtarbeiter-Trainings und Indigoprozess-Trainings (für 17- bis 25-Jährige) anbietet und lehrt.

Ihre Bücher „Das Indigo-Phänomen", „Der Indigo-Ratgeber" und „Indigos öffnen ihre Seele" sind in vielen Ländern bekannt.

Noch mehr Informationen finden Sie unter: www.indigokinder.de.

Das Buch

Immer mehr Eltern haben den Wunsch, ihre Kinder spirituell zu erziehen, um sie für die ständig größer werdenden Anforderungen unserer Welt zu wappnen und um einen Gegenpol zu Materialismus und wachsendem Konsumverhalten zu schaffen. Sie möchten eine Familie, in der Harmonie, Frieden, Ausgeglichenheit, Miteinander und geistige Geborgenheit Priorität haben.

Im vorliegenden Buch finden Sie zahlreiche Kurzgeschichten zum Vorlesen, die sowohl Eltern als auch Kindern als Wegweiser dienen können. Jede Geschichte ist dazu gedacht, mit den Kindern ins Gespräch zu kommen bzw. in den Familien einen Prozess des „Miteinander Wachsens" in Gang zu bringen.

Unsere Kinder brauchen spirituelle Geborgenheit und eine gewisse Lebenssicherheit, um als vollständige, glückliche, intelligente Menschen heranzuwachsen. Konzentration, Aufmerksamkeit und Klarheit im Sein werden dadurch besser entwickelt. Die Entwicklung von spiritueller Weisheit fordert eine Balance zwischen dem Kind als sozialem Wesen einerseits und dem Kind als Individuum andererseits.

Durch die Kurzgeschichten lernt das Kind, wer es eigentlich ist und wie es mit beiden Beinen auf der Erde stehen kann, während es gleichzeitig mit den spirituellen Welten und den Geheimnissen des Lebens verbunden ist. So findet es eine große Stabilität im Herzen.

Carolina Hehenkamp

Spirituelle Geborgenheit für die Herzen der Kinder

Wie begleite ich mein Kind
in die großen Geheimnisse des Lebens

Originalausgabe
© 2008 Schirner Verlag, Darmstadt

Alle Rechte der Verbreitung, auch durch Funk, Fernsehen und sonstige
Kommunikationsmittel, fotomechanische oder vertonte Wiedergabe sowie
des auszugsweisen Nachdrucks vorbehalten

ISBN 978-3-89767-623-7

1. Auflage 2008

Umschlaggestaltung: Murat Karaçay
Redaktion und Satz: Heike Wietelmann
Herstellung: Reyhani Druck & Verlag, Darmstadt
Printed in Germany

www.schirner.com

Inhalt

Kapitel 1

Kapitel 2

Teil I:

Mama, wer bin Ich?

Teil II:

Mama, wie geht das mit dem Licht?

Teil III:

Mama, was ist ...

Teil IV:

Mama, ist Gott in allen Dingen?

Teil V:

Mama, was ist Liebe?

Schlusswort

Eine uralte Geschichte:

Als Gott die Welt erschuf, rief er seine Engel zusammen und sagte: „Ich werde die Menschen alle nach meinem Vorbild schaffen. Sie werden kreativ, intelligent und gut sein. Sie verfügen durch ihre Geburt über alle göttlichen Eigenschaften."

Die Engel antworteten: „Aber wenn sie die Wahrheit über sich selbst wissen, wird ihr Leben zu einfach und zu langweilig für sie sein."

Gott erwiderte: „Dann verstecke ich die Wahrheit auf dem höchsten Berggipfel."

Die Engel sagten: „Die Menschen werden aber sehr schnell herausfinden, wie sie diesen höchsten Berg erklimmen können."

„Dann verstecke ich sie am Meeresboden", sagte Gott.

„Aber die Menschen werden herausfinden, wie sie zum Meeresboden tauchen können", erwiderten die Engel.

Sie sprachen und dachten weiter. Wo könnte die Wahrheit vor so intelligenten Wesen wie den Menschen am allerbesten versteckt werden? Vielleicht auf dem Mond? In einer weit entfernten Galaxie oder in den Wolken?

Schließlich kam Gott auf eine gute Idee: „Ich weiß jetzt, wo wir die Wahrheit verstecken könnten", sagte er. „Ich verstecke sie in den Herzen der Menschen. Dort werden sie am allerwenigsten suchen."

Die Engel waren damit einverstanden, und so versteckte Gott die Wahrheit im Herzen eines jeden einzelnen Menschen, also auch in deinem Herzen!

Einführung

Warum ist spirituelle Erziehung in unserer modernen Zeit so wichtig?

Während der letzten zehn Jahre bekam ich Tausende E-Mails von Eltern aus aller Welt. Viele von ihnen suchten verzweifelt nach Lösungen, wie sie mit ihren Kindern einen anderen und neuen Weg einschlagen könnten.

Das vorliegende Buch bietet jetzt all diesen Suchenden einen einfachen, liebevollen und auch spannenden Weg in eine neue Welt voller Freude, Fülle und gelebter Spiritualität.

Meine Erfahrungen und mein Zusammenleben mit verschiedenen ethnischen Gruppen und Völkern haben mich viel über das Miteinander in größeren Familienverbänden gelehrt. Sie gaben mir tiefe Einsicht in die Art und Weise, wie diese Menschen mit ihren Kindern umgehen, wie sie die alten Menschen der Gruppe respektieren und ihnen einen geachteten Platz in ihrer Gemeinschaft einräumen.

Am Anfang verstand ich nur „Bahnhof", war ungeduldig und unglaublich europäisch in meinem Denken und Handeln. Ich konnte ihre Gelassenheit und die Langsamkeit ihres Seins überhaupt nicht verstehen und noch weniger konnte ich sie annehmen. Alles wollte ich ändern, beeinflussen oder verbessern – vielleicht noch ein Relikt des alten europäischen Missionierungsdrangs, der durch meine Adern floss?

Irgendwann wurde ich dann aber mäuschenstill, lauschte stunden- und tagelang geduldig, wenn die Ältesten sprachen. Da ich oftmals wochenlang bei ihnen wohnte, bekam ich die Gelegenheit, das Familienleben Tag und Nacht zu beobachten. Schlussendlich fing ich an zu verstehen und zu lernen und sah, was bei ihnen gut funktionierte und was nicht.

Ich habe nie vergessen, was ein alter Freund mir vor 20 Jahren erzählte: *„Ein Stammesältester, der in der Gegend von Santa Fe lebt, hatte mich eingeladen, ihn zu besuchen. Als ich dort ankam, war er jedoch nicht da. Auf meine Frage, was ich tun sollte, gab mir ein anderer Ältester die Antwort: ,Setze dich hin und warte vor seinem Haus auf ihn.' Da saß ich 17 Tage lang, ohne mich vom Fleck zu rühren, bis er zurückkam. Ich spürte, dass das meine Pflicht war."*
Es war eine Art Test für ihn gewesen und er hatte ihn glänzend bestanden.

Mir ist es auch oft so ergangen. Tagelang verstand ich nichts. Alles lief anders, als ich es gewohnt war. Als gute und flotte Organisatorin hätte ich manches schnell und „easy" lösen können. Aber das war gar nicht gefragt – und noch weniger erwünscht! Und sicher ist sicher, ehrlich ist ehrlich: Ich hätte dann wohl nie verstanden, was ich jetzt verstehe!!

Meine Erfahrungen zeigten mir deutlich, dass wir miteinander neue Wege suchen mussten, voneinander lernen sollten. Obwohl die Urvölker, wie beispielsweise die Maori in Polynesien, die Maya in Mexiko und Guatemala, die Hawaiianer oder die Indianer in Nordamerika ein feines Gefühl für spirituelle Erfahrungen und Erlebnisse bewahrt haben, konnte ich aus ihrer Geschichte erfahren, dass sie nicht immer liebevoll mit Mutter Erde, den Mitmenschen oder Tieren umgegangen sind. Manche indigenen (d.h. einheimischen) Gruppen haben sogar ihr eigenes Ökosystem vollkommen zerstört (beispielsweise auf den Osterinseln), sodass ein Überleben kaum möglich war.

Wir im Westen haben im Laufe der Zeit die Verbindung zu den spirituellen Welten, zu den unsichtbaren Ebenen und den Wundern, die sie uns schenken, abgeschnitten. Dafür versuchen wir seit etwa 60 Jahren, achtsamer mit Mutter Erde, unserer Luft und unseren Ozeanen umzugehen. Entsprechende Gesetze wurden erlassen und langsam aber sicher auch von der Bevölkerung und Wirtschaft unterstützt, beispielsweise zur Förderung von Bio-Anbau, zur Kontrolle von Autoabgasen und Industrieanlagen oder zum Reinigen von Abwasser.

Bei den verschiedenen indigenen Völkern begegnete ich in allen Altersgruppen vielen Menschen, die tiefe Weisheit, Ruhe und Gelassenheit ausstrahlten. Sie nehmen die Dinge überwiegend so, wie sie nun einmal sind, leben stark im Jetzt und kümmern sich nur um den gegenwärtigen Tag.

Was das Überleben betrifft, sorgen sie recht herzlich für alle, die zur Familie oder zum Klan gehören. Bett und Nahrung gibt es immer, egal wie man sich verhält. Das wird unter allen Umständen geteilt. Auch die kleinen Kinder werden bedingungslos behütet, egal ob von der Mutter, einer Tante, einer Nichte oder irgendeinem anderen Verwandten.

Auch lassen sie die Dinge sich mehr selbst entwickeln, ohne darüber zu viel nachzugrübeln. Meist findet sich die Lösung von selbst – oder das Problem löst sich einfach in Luft auf. So ersparen sie sich viele Komplikationen. Das Leben wird dadurch vielleicht nicht einfacher, aber in der Basis gesünder. (Grübeln macht oft krank!) Die indigenen Gruppen lassen sich seit Urzeiten mehr von der weiblichen Kraft führen, sind intuitiv und eng mit der Natur und den Elementen verbunden. Sie akzeptieren Veränderungen und Wechsel als einen natürlichen Bestandteil von Mutter Erde.

In unserer westlichen Welt leben wir mehr aus der männlichen Kraft und betonen daher stark die Wichtigkeit von aktivem Eingreifen, Ändern, Verbessern und vor allem vom Handeln. Egal wie, TUE ETWAS! Leiste etwas! Denke nach!

Wir möchten alles ändern, verbessern, bereden, analysieren und in Schubladen stecken. Und wenn man genau hinschaut und ehrlich ist, wird vieles dadurch nicht besser, sondern nur anders!

Das, was sich jetzt gerade auf unserer Erde vollzieht, ist keine einfache Umkehr im Sinne von Rückkehr zum Matriarchat. Vielmehr vollzieht sich – unter Führung der weiblichen Qualitäten – eine Synthese zwischen Yin und Yang, die eine neue Ausformung beider Qualitäten zu etwas Neuem erschafft.

Die Kinder der letzten 20 Jahre zeigen uns mit ihrem Verhalten, dass sie sich des Umschwungs hin zur weiblichen Energie bewusst sind. Sie haben die richtigen Werkzeuge, Potenziale und Fähigkeiten bei ihrer Geburt mitgebracht, und leben uns diese neue Energie vor.

Die Leistungsgesellschaft hat ihre Grenzen erreicht und ausgedient. Sie bietet keine sinnvollen Lösungen und Perspektiven für die Zukunft. Langsam aber sicher wird sie von einer humaneren, ökologisch rücksichtsvolleren und spirituellen Lebensform abgelöst (dank Generationen von Indigos und Kristallkindern!), die mehr auf Nicht-Tun basiert, und aus der Intuition und dem spirituellen Kollektiv ihre Kraft schöpft.

Dieses sogenannte „Nicht-Tun", das die indigenen Menschen so natürlich beherrschen, wird uns in unserer Kultur während der Jugend drastisch aberzogen – und das, obwohl die Indigos und Kristallkinder uns genau zeigen, dass sie darüber Kenntnis haben. Sie drängen uns ja förmlich dazu, dass wir uns mehr ins Sein begeben. Die Vorteile dieser Daseinsweise scheinen sie ganz genau zu spüren, und die Auswirkungen auf die Entwicklung des Menschen scheinen sie ebenfalls zu kennen. Sie möchten uns aufrütteln, es (wenigstens!) zu versuchen, so zu leben. Leider geben wir ihnen kaum Raum und wenig Gelegenheit, sich im Nicht-Tun zu verankern, da wir selbst Schwierigkeiten damit haben, die Muster unserer Erziehung abzulegen.

Beobachte ich kleine Kinder in Polynesien, sehe ich, wie sie in aller Ruhe alles entdecken dürfen. Der Klan ist meistens in Hörweite (entweder die Großmutter oder eine Tante, manchmal die Mutter oder der Vater), greift aber selten ein. Es muss schon eine arge Prügelei im Gange oder ein bissiger Hund oder ein schnell fahrendes Auto in der Nähe sein.

Ein Nachteil des Aufwachsens in einem großen Familienklan besteht darin, dass die Kinder nicht lernen, sich gut zu konzentrieren. Auch hat das Individuum es schwieriger, sich zu behaupten, da alles auf den Erhalt der Gruppe ausgerichtet ist. Die Kinder (und später die Erwachsenen) leiden häufig an Konzentrationsschwäche, springen von einem Erlebnis oder einer Beschäftigung zur nächsten. Sie sind schnell abgelenkt, halten nicht lange durch und bringen recht wenig zu Ende. Eine Sache durchdenken oder tiefer über etwas nachdenken können sie selten, weil sie das nicht gelernt haben. Ich bin oft total überrascht, dass sie nicht zusammenhängend denken können; das ist für uns schwer vorstellbar!

Wir in den westlichen Ländern beobachten und kontrollieren unsere Kinder andauernd: Tue das nicht, lass das, Finger weg, bah – schmutzig etc. Sie dürfen kaum in ihrer eigenen Welt – sei es in der Fantasie oder real – bleiben und ihren Erfahrungen nachgehen. Dadurch bekommen sie wenig Luft zum Durchatmen. Immer wird kontrolliert und vor allem beobachtet. Erwachsene sind fast immer beobachtend dabei, egal, was die Kinder unternehmen. Sie lenken deren Aufmerksamkeit hauptsächlich auf die sichtbaren Welten und warnen auch noch dauernd davor.

Mit den unsichtbaren Welten, die für die Kinder sehr real sind, haben die meisten Eltern nicht viel am Hut, denn sie sind ihnen selbst fremd.

Von der Weisheit der indigenen Völker, die Dinge (und die Kinder) mehr in Ruhe zu lassen und ihnen genügend Raum zum Erleben, Erfahren, Erforschen und Erlernen zu geben, könnten wir sehr profitieren.

Vom Ursprung her ist der Mensch ein neugieriges, lernwilliges Wesen, das immer bereit ist, Neues auszuprobieren. Diese angeborene Neugier braucht jedoch eine klare Ausrichtung, um Konzentration, Fokussierung, Intension und Aufmerksamkeit entwickeln zu können. Dies gilt auch für die Suche nach spiritueller Weisheit und geistigen Einsichten. Es fragt sich also, auf welche Weise wir unsere Kinder begleiten können, damit sie spirituelle Geborgenheit vermittelt bekommen, die sie so dringend brauchen, und gleichzeitig Konzentration, um Aufmerksamkeit und Klarheit im Sein zu entwickeln.

Die Entwicklung von spiritueller Weisheit kann auch helfen, eine Balance zu finden zwischen dem Menschsein als soziales Wesen einerseits und als Individuum andererseits.

Der Mensch, der im Gruppenverband aufwächst und lebt, hat die Aufgabe, sich als individuelles Wesen dieser Gruppe unterzuordnen, was negative Folgen haben kann. Es ist dabei nicht wichtig, wie groß (Schule, Arbeitsplatz, Familienklan) oder wie klein die Gruppe ist.

Auf der anderen Seite kann sich zu viel Aufmerksamkeit auf die individuelle Entwicklung des Menschen auch negativ auf die Art und Weise seiner sozialen Verhaltensweisen und Fähigkeiten auswirken, wie beispielsweise die Fähigkeit, Freundschaften zu schließen (und langfristig zu erhalten) oder in einem Team zu arbeiten.
Egoismus und Habgier können somit begünstigt werden: „Ich bin der Nabel der Welt, also ist alles meins und alles muss sich um mich drehen!"

Wird die angeborene spirituelle Weisheit weiterentwickelt und unterstützt, kann sie den Kindern auf wundervolle Weise helfen, eine gesunde Balance zwischen diesen beiden Polen zu finden. So können sie zu offenen, herzlichen Wesen heranwachsen, die sowohl das Wohl der Gruppe als auch die Bedürfnisse des Einzelnen im Auge behalten.

Leider gibt es hierfür keinen schnell gangbaren Weg, der generell für alle Kinder gültig wäre. Gemeinsam mit ihnen können wir jedoch damit beginnen, diese Weisheit zu suchen und zu entwickeln.

Wir sind von unserem Ursprung her alle indigene Menschen und die uralte Weisheit fließt quasi in unserem Blut. Sie ist vielleicht etwas verschüttet, aber nie verloren gegangen. Jede einzelne unserer Zellen ist ein Teil des Ganzen, und die gespeicherte Erinnerung überlebte Tausende von Jahren!
Die innere Resonanz wird durch das Streben und Suchen nach Weisheit aktiviert und das natürliche, angeborene innere Wissen, das seit Urzeiten in unseren Zellen gespeichert ist, kommt dadurch wieder in Fluss.

Wird diese freigesetzte Weisheit einmal in das tägliche Leben integriert, kann aus dem Kind ein wirklich glückliches, selbstbewusstes, sich selbst vertrauendes Kind werden. Ein Kind, das mit beiden Beinen auf der Erde steht, gleichzeitig aber auch hervorragend mit den spirituellen Welten und den Geheimnissen des Lebens verbunden ist.

Da es, wie gesagt, kein Patentrezept für das Glücklichsein oder ein spirituelles Erwachen gibt, müssen wir unser ganz individuelles Rezept selbst „entwerfen" und das richtige Mischen der Zutaten lernen.

Das vorliegende Buch möchte daher keine Antworten geben, sondern eher als Inspiration und Wegweiser dienen eine Orientierung sein, um einen neuen, wundervollen Weg mit den Kindern zu suchen und zu gehen.

Ich wünsche aus ganzem Herzen, dass dieses Buch Ihnen helfen wird, diesen spannenden Weg zu finden. Es wird Sie in ein neues Leben im Einklang mit „Allem, was ist" führen, und es kann ein wundervolles Abenteuer für die ganze Familie werden. Viel Spaß dabei, Glück und gutes Gelingen!

In Liebe
Carolina Hehenkamp

Kapitel 1:

Was sich jedes Kind wünscht

„Mama, warum hast du mir nie etwas über Licht, Spiritualität und Energie erzählt, als ich klein war?", frage ich meine Mutter. Ich sehe, wie sie innerlich erschrickt. Ihr Gesichtsausdruck verändert sich, so wie meist, wenn sie etwas nicht mag. Sie schaut mich an und weiß gar nicht, was sie nach all den Jahren darauf antworten soll.

Ich sage ihr: *„Mir hat es in meiner Jugend total gefehlt, zu wissen, wie ich mit den verschiedenen Energien umgehen kann oder wie meine Aura funktioniert, was die Farben bedeuten, die ich bei anderen sehe und warum Menschen sich gegenseitig Energie rauben. Ich wusste auch nie genau, wie ich mit den unsichtbaren Welten umgehen sollte oder mit all den Wesen, die ich sah. Jahrelang habe ich versucht zu verstehen, welche Realität die ‚wirkliche' ist und warum ihr meine Welt meist spottend eine Traumwelt nanntet? Dabei war es eher eure Welt, die für mich nicht real war."*

Der Gesichtsausdruck meiner Mutter ändert sich nochmals. Sie schaut mich jetzt ein wenig verzweifelt an. *„Gott"*, höre ich sie denken, *„lass das bitte nicht wahr sein, all diese Fragen nach so vielen Jahren."*
Mir ist bewusst, dass sie mir nicht wirklich antworten kann. Sie weiß ja schließlich kaum etwas über diese

Themen, weil ihre Eltern, ihre Lehrer oder ihr Leben sie darüber nie etwas gelehrt haben.

Als Kind und Jugendliche konnte ich nie verstehen, warum ich von meinen Eltern keine geistige oder spirituelle Begleitung bekam. Da war einfach nichts zu machen. Immer wenn ich Dinge sah, die sie nicht sehen konnten, wurde mir gesagt, ich sollte lieber geschwind meinen Mund halten. Heute, als Erwachsene, weiß ich, dass ich es ihnen nicht übelnehmen darf. Sie konnten es mir nicht beibringen, weil sie es selbst nie von ihren Eltern oder Großeltern gelernt hatten.

Ein gesundes Bewusstsein und Selbstwertgefühl schaffen

Vielen Eltern geht es heute ähnlich. Sie würden ihre Kinder gerne spirituell begleiten, sie zu selbstbewussten, gesunden, starken Menschen erziehen, die ein glückliches Leben in Fülle, Freude, spirituellem Bewusstsein, Liebe und materiellem Wohlstand führen. Jedoch wissen sie kaum, wie sie das meistern oder wo sie ansetzen können. Es fehlt ihnen an eigenem Wissen und Bewusstsein, an fundierter Hilfe, praktischen Anleitungen und spiritueller Unterstützung.

Es ist nur allzu offensichtlich, dass wir als Menschheit an einem Punkt der Entwicklung angelangt sind, an dem wir realisieren, dass es so, wie wir jetzt denken und leben, nicht weitergehen kann.

Das Zusammenleben, die sozialen Netze, die Gesundheitssysteme, die Wirtschaft, die politischen Verbindungen mit anderen Ländern, die Kommunikation zwischen den Generationen sind überall – weltweit – gewissermaßen festgefahren. Viele Menschen spüren, dass wir in einer Sackgasse gelandet sind und dringend einen Ausweg suchen müssen, der sich meines Erachtens nur über ein kollektives Erwachen im geistigen Bewusstsein finden lässt. Hilfe könnte von jenen Menschen kommen, die seit Urzeiten versuchen, in harmonischer Verbindung mit der Erde zu leben, ohne sie komplett auszubeuten, zu zerstören und ohne ihre

Brüder und Schwestern, die Tiere und die Natur, töten oder zerstören zu wollen: von den sogenannten Urvölkern, den indigenen Gruppierungen, die es geschafft haben, bis ins 21. Jahrhundert hinein zu überleben, wenn auch unter schwersten Bedingungen.

Ich bin der Meinung, dass wir es unseren Kindern, dem Leben und der Welt schulden, erneut nach dieser Möglichkeit eines Lebens in gemeinsamer Spiritualität und Verantwortung für die Erde zu streben. Und dass wir bereit sein sollten, voneinander zu lernen!

Es gilt, keine Zeit mehr zu verlieren, es den neuen Generationen zu ermöglichen, als umweltbewusste, ehrliche Menschen heranzuwachsen, die ein wahrhaftiges, verantwortliches Miteinander in allen Bereichen tief im Inneren vollziehen und so im Außen leben. Somit könnte vielleicht ein wirklicher Wandel auf der Erde bewirkt werden.

Die Fähigkeit, miteinander gemäß den spirituellen, geistigen Naturprinzipien leben zu können, tragen wir seit Anbeginn der Zeiten in unseren Genen und Herzen. Würden wir uns wieder an diese Urverbindung mit der Lebenskraft, mit Mutter Erde und den geistigen Energien, erinnern, könnten wir es auch unseren Kindern ermöglichen, das alltägliche Leben in dieser materiellen Welt mithilfe eines erfüllten, geistigen, spirituellen Bewusstsein zu bewältigen.

Wir leben in einer Zeit, in der sich alles gigantisch

schnell verändert. Informationen und Erneuerungen überschlagen sich förmlich. Kollektiv dürsten wir nach Frieden, Ruhe, Entspannung und wahrer Erfüllung und möchten unsere Kinder vor Überforderung und Entfremdung bewahren.

Viele Erwachsene, die in den letzten zehn Jahren Eltern geworden sind, spüren, wie gerne sie neue Wege einschlagen würden. Sie können aber keine praktische Umsetzung finden, weil sie selbst keine wirkliche spirituelle Orientierung hatten oder haben. Vor allem fehlt es ihnen an *gelebter* Spiritualität.

Wo aber können wir anfangen, jetzt wo der Kreis unterbrochen wurde? Die Kinder sind vielleicht schon fünf, acht oder zehn Jahre alt, genießen eine christliche Erziehung aus der Hoffnung der Eltern heraus, ihren Kindern eine geistige Orientierung mitzugeben. Viele müssen erfahren, dass da jedoch etwas fehlt, vor allem wirklich *gelebte* Spiritualität.

In früheren Zeiten waren die Großeltern die idealen spirituellen Lehrer/innen für unsere Kinder. Mit viel Muße und engelhafter Geduld wurden sie von ihnen langsam an die Naturprinzipien, die sozialen Lebensregeln und die spirituellen Gesetze herangeführt. Bewusst oder unbewusst erteilten die Großeltern zahlreiche kleine Einweihungen in das Leben und in die unterschiedlichen Lebensstufen.

Da wir heute nicht mehr in Klans leben und die Großeltern oft weit entfernt wohnen, müssen sich die Eltern selbst Zeit nehmen, ihre Kinder in die Gesetze der Natur und Spiritualität einzuführen.

Daraus ergibt sich die Frage: „Wie können wir als Eltern einen Weg finden, die Kinder spirituell zu begleiten und geistig so zu versorgen, dass daraus weder ein Dogma noch ein religiöses Getue wird?"

Im Folgenden möchte ich versuchen, diese Fragen zu beantworten und Ihnen, liebe Leserin, lieber Leser, dabei helfen, einen neuen Weg zu finden.

Es sollte ein Weg werden, der Spaß macht, leicht ist und der zu einer festen liebevollen Verbindung zwischen Eltern und Kindern führt. Es ist überhaupt nicht wichtig, ob Sie selber eine spirituelle Erziehung erhalten haben oder was Sie über geistige Gesetze wissen. Sie können einfach mit Ihren Kindern zusammen wachsen und sehen, wohin Sie dieser Weg führen wird. So wird es ein Abenteuer werden, das Sie mit Ihren Kindern gemeinsam erleben können.

Wie fange ich an?

Zum gemeinsamen Wachstum braucht es einen täglichen Dialog, ein neugieriges Erforschen, ein gemeinsames Entdecken. Das ist lebenswichtig. Die folgenden, nicht allzu langen Kapitel sind dazu gedacht, dass Sie sie Ihren Kinder abends, vor dem Schlafengehen vorlesen. Über das jeweilige vorgelesene Thema können sie dann mit den Kindern ins Gespräch kommen, oder anders gesagt: Die Kinder werden mit Ihnen ins Gespräch kommen, da sie viele Fragen haben werden. Lustige oder ernste Fragen, wundervolle Ideen, Lösungen und Einblicke werden sich ergeben, und Sie werden auf diese Weise auch erfahren, was Ihre Kinder über Gott, Engel, Geister oder Auren denken und wissen. So werden Sie feststellen, dass so einiges in ihnen lebt, was Sie nie vermutet hatten. Gemeinsam können Sie dann beratschlagen, philosophieren und herausfinden, wie das alles funktionieren könnte.

Zusammen mit den Kindern finden Sie so eine individuelle Art und Weise, sich der Naturgesetze des Lebens und des Lichtes bewusst zu werden, um sie dann in das tägliche Leben zu integrieren. Diese Gespräche sind sehr wichtig und werden Ihnen dabei helfen, Ihren eigenen, ganz persönlichen Weg der spirituellen Entwicklung zu finden.

Was sollte man beachten?

Wenn wir als Erwachsene einmal anfangen, uns zu erinnern, wie wir früher als kleines Kind das Sichtbare und Unsichtbare erlebt haben, ist oft schon die „halbe Arbeit" getan. Da wir als göttliche Wesen mit „Allem" verbunden sind, tragen wir die Weisheit aller Zeiten in unseren Zellen, Genen und unserer DNS. Wir haben nur vieles vergessen – oder waren vielleicht auch gezwungen, es zu vergessen, damit wir in dieser materiellen Welt funktionieren und überleben konnten.

Der beste Weg zu einem Dasein in Fülle scheint mir persönlich ein Leben zu sein, das auf den Energiegesetzen und Naturprinzipien beruht. Alles was in unserem Universum existiert, ist diesen natürlichen Regeln und Prinzipien unterworfen. Wenn man sich ihnen nicht widersetzt, sondern sie sich eher zum Freund macht und in sein Leben einbezieht, ändert sich spontan – wie durch ein Wunder – das ganze Leben.

Was sind eigentlich Energiegesetze und Naturprinzipien?

Unter Energiegesetzen und Naturprinzipien verstehe ich ein sehr breit gefächertes Feld, in dem die Natur und die Existenz uns zeigen, wie ihre Regeln oder Gesetze durch die Äonen der Zeit funktionieren, um Leben aufrechtzuerhalten und positive Energie in Wachstum, Überleben, Harmonie und Balance zu lenken.

Energie folgt natürlichen Bahnen und Mechanismen, und wenn wir diese nicht respektieren, wird sie blockiert. Ihr Fluss stagniert, und alles stirbt ab.

Ein einfaches Beispiel von einem Naturprinzip ist das Gravitationsgesetz: Halten wir etwas in der Hand und öffnen sie, fällt der Gegenstand nach unten auf den Boden. Er kann also nicht durch die Luft fliegen oder schweben, sondern wird von der Erdanziehungskraft angezogen.

Die klassische und die Quantenphysik wie auch das Leben der Tiere und Pflanzen zeigen uns Regelmäßigkeiten, die sich niemals ändern. In der Physik gibt es die grundlegenden Gesetze der Mechanik, der Wärme, der Elektrizität und der Optik. Fragen wir, was Materie eigentlich ist, dann kann die Antwort lauten: das, was den Naturgesetzen gehorcht. Wir kennen Materie in ihren verschiedenen Zuständen von fest, flüssig und gasförmig und wissen von ihrem gesetz-mäßigen Aufbau aus kleinsten chemischen Einheiten, den Molekülen und Atomen. Die Quantenphysik ist sogar noch weiter gegangen und hat viele neue Mechanismen entdeckt, die darauf hindeuten, dass es nur Licht und Energie gibt. Wissenschaft und „Gott" begegnen sich hier.

Auch an dieser Stelle begegnen sich die Gesetze der Himmelsmechanik, mit denen es möglich ist, Erscheinungen, wie eine Sonnen- oder Mondfinsternis, zuverlässig vorherzusagen. Auch die Kunst der Ingenieure, Maschinen zu konstruieren oder Bauwerke zu errichten, beruht auf der Prognosemöglichkeit mithilfe der Naturgesetze. Sie regieren unbewusst unser Leben und eine Zusammenarbeit mit ihnen würde vieles erleichtern und in Fluss bringen.

Spirituelle Erziehung in unserer Zeit

Menschen, die auf vielen Ebenen erfolgreich sind (damit meine ich nicht nur durch Geld, Macht oder materiellen Wohlstand, sondern auch geistig, emotional und in der Liebe), sind fast ausschließlich diejenigen, die dem Universum zu hundert Prozent vertrauen, dass ihre Wünsche erfüllt werden. Sie sind sich dessen ganz sicher und lassen sich einfach durch nichts beirren. Da das Materielle, laut den Naturgesetzen, immer unseren Gedanken folgen muss, manifestiert sich alles entsprechend einer vollkommenen Perfektion.

Das Materielle ist immer, entsprechend den Naturgesetzen, Folge oder Produkt unseren Gedanken. Jeder bekommt also entsprechend seinen Gedanken und Ideen das im Leben, was er selbst erschaffen (oder gedacht) hat. Auf höherer Ebene besteht nur vollkommene Perfektion und ist das, was du kreierst, stimmig, egal was es ist. Man könnte auch sagen: „Jeder erntet, was er sät."

Wir Menschen, die in der westlichen Welt leben, erziehen unsere Kinder sehr materialistisch. Wir folgen eher gesellschaftlichen Prinzipien und Gesetzen: gute Noten, gutes Benehmen, gut angezogen sein, die richtigen Freunde haben, gut im Sport sein, ein guter Schulabschluss, gute Studienleistungen, eine gute Lehrstelle, ein guter Job, ein fettes Bankkonto etc. – all das sind Kriterien, die uns in der Regel wichtiger sind als das innere Wohl unserer Kinder. Oft handeln und denken wir den Naturprinzipien und Energiegesetzen genau entgegen und dadurch fehlt es an Fluss, Balance und Integrität in unserem Leben.

Wir achten wenig auf die Wünsche, Träume, Vorlieben und angeborenen Potenziale der Kinder, obwohl jedes Kind intuitiv weiß, wo seine Stärken und Begabungen liegen und was es am liebsten tut. Wir achten auch nicht besonders auf unsere eigenen Wünsche und Träume. Viele Menschen scheinen sie sogar komplett vergessen zu haben. Das Kind versucht zwar, während des Heranwachsens über viele, viele Jahre seine Vorlieben, Wünsche und Träume irgendwie auszudrücken und uns zu vermitteln, aber es findet kaum Gehör. Unser Leben ist eben nicht mehr darauf ausgerichtet, Wünsche, Träume und Visionen haben in unserer modernen Zeit kaum noch Platz, verwirklicht zu werden. Gesellschaftliche Normen und soziale Regeln bestimmen stattdessen unsere Lebensbasis.

Irgendwann gibt das Kind auf und weiß später oft selbst nicht mehr, was seine ursprünglichen Wünsche und Träume für das Leben waren. Es hat sie tief in seinem verletzten Herzen begraben.

Wünsche, Visionen und Träume treiben uns an, wenn wir klein sind. Und sie treiben uns auch dann noch an, wenn wir schon erwachsen und uns ihrer nicht mehr bewusst sind. Sie werden aus der Energie des Geistes geboren und sind ein ganz natürlicher Bestandteil unseres Lebens. Wir sollten sie nicht unterdrücken müssen.

In meinen Lichtarbeiter-Trainings arbeite ich intensiv mit Erwachsenen an der Erinnerung ihrer Träume und Wünsche. Wir versuchen gemeinsam, (erneut) herauszufinden, was sie am liebsten tun, was sie am besten können und warum sie zur Erde gekommen sind. Wir versuchen, ihr Lebensziel und ihre Lebensaufgabe auszugraben und zu verstehen, warum und an welchem Punkt sie verloren gingen.

Ich habe wenige Situationen erlebt, die so intensiv und ereignisreich waren, wie solche, in denen erwachsenen Teilnehmer/innen begannen, sich an ihre Träume erinnern zu „dürfen". In dem Moment, in dem sie sich trauten, über die verlorenen Träume in der Gruppe zu sprechen, folgte ein magischer Prozess der Annahme und Umsetzung.
Auf diese Weise wurde in ihrem Leben erneut ein Platz dafür geschaffen. Sie konnten nun wirklich mit der Aufarbeitung und Verwirklichung beginnen, und ganz automatisch wird wieder einen Balance zwischen den gesellschaftlichen Regeln und den Naturprinzipien hergestellt.

Wann brauche ich Hilfe von außen?

Um ihre Kinder zu einem tieferen Verständnis für das Wirken von Bewusstsein und Licht, die Wirkung der Naturprinzipien und der Gesetze des Universums führen zu können, brauchen Eltern meist einen Anstoß oder Hilfe von außen. Bevor wir unsere Kinder etwas darüber lehren können, müssen wir uns selbst erst innerlich für diesen Weg öffnen. Wichtig ist, dass wir „Ja" zu dieser Option sagen. Einfach die Energieprinzipien zu lehren, ohne mit den Kindern das große Geheimnis des Lebens erforschen zu wollen, wäre nur etwas Mentales, und es würde nicht funktionieren.

Spüren wir für einen Moment in unsere westliche Kultur hinein, sehen wir, dass wir – gebeugt von zu intensiver oder zu schwerer Arbeit, vom Schaffen der Existenzgrundlage im weitesten Sinne und dem Streben nach materiellem Erfolg so einiges vernachlässigen mussten. Eines der Dinge, die vermutlich die meisten als Erstes beiseite geschoben haben, ist, sich Zeit zu nehmen, in der Stille die Spiritualität im eigenen Inneren zu entdecken. Sicherlich hat diese Entscheidung mit Erziehung und fehlenden Vorbildern zu tun. Vielleicht haben wir lange gedacht, dass wir „beides", nämlich ein materielles und ein geistiges Leben, nicht miteinander verbinden könnten.

Hinzu kommt, dass die Familien durch die Individualisierung in den letzten zwei bis drei Generationen immer mehr auseinandergedriftet sind. Viele Elternteile sind außerdem auch noch alleinerziehend. Eigentlich leben die meisten jetzt ohne den Halt einer Großfamilie, eines Klans oder eines uralten Stammes.

Viele Kinder haben, wenn sie nachmittags aus der Schule kommen, oft keinen Platz, wohin sie gehen und sich aufgehoben fühlen könnten. (Inzwischen wird in den deutschen Bundesländern beispielsweise vermehrt eine Ganztagsschule eingeführt oder zumindest eine Betreuung vor und nach dem Unterricht angeboten, die Tendenz ist steigend. Hortplätze für Schüler/innen gibt es parallel dazu.)

Mit ihren Eltern verbringen Kinder jedoch oft keine qualitativ hochwertige Zeit, in der weder Hast, Erledigungen noch Termine vorgesehen sind, Zeit in der ausschließlich das Miteinander im Vordergrund steht. So lernen sie wenig über die Struktur, Führung und den spirituellen Zusammenhang der Dinge. Dazu kommt, dass unser heutiges Leben übervoll an Informationen ist. Diese drängen sich den Kindern buchstäblich auf. Die negativen Informationen beeinflussen die Kinder stark, da sie tief in ihr noch weit geöffnetes Energiesystem eindringen. Sie setzen sich in der Aura des Kindes fest und verschmutzen es energetisch, wodurch Lebendigkeit und Kraft stark beeinflusst werden. Die Werbung im Fernsehen, die negativen Weltnachrichten, Videospiele, Handys und viele Zeitungen und Zeitschriften beeinflussen Kinder stark – viel mehr als wir denken.

Um frei heranwachsen zu können, müssen unsere Kinder geschützt werden. Natürlich können sie lernen, wie sie sich selber schützen, aber sie müssen auch darauf vertrauen können, dass ihre Eltern hundertprozentig hinter ihnen stehen, um sie aufzufangen oder zu verteidigen.

Wir können die Welt verändern, indem wir unser Zusammenleben mit den Kindern, unsere Ansichten und unsere Glaubensvorstellungen hinterfragen. Die Veränderung fängt immer bei einem selbst an!

Spirituelle Begleitung
bei den indigenen Urvölkern

Wenn ich mir heute die Teenager weltweit ansehe, entdecke ich tief in ihrem Inneren eine enorme Sehnsucht nach einem harmonischen Zusammenleben, wie wir es aus den Geschichten über Urstämme oder Familienklans kennen. Wir nennen es auch Sehnsucht nach „tribal life". Die Jugendlichen fühlen sich bei größeren Familientreffen meist pudelwohl. Sie suchen schon im jungen Alter nach ihren Brüdern und Schwestern aus ihrer Seelenfamilie.

Einmal gefunden, treffen sie sich gerne und regelmäßig, oft um einfach „nichts" zu tun, ganz wie zu alten „Stammeszeiten". Ich erfahre sie auch als extrem durstig nach spirituellem Wissen, geistiger Führung und nach genauen Erklärungen über alles, was mit Energie, Heilen und Bewusstseinsentwicklung zu tun hat.

Die spirituellen Naturprinzipien, die letztlich das Leben ausmachen und auch im Alltäglichen so wertvoll sind, werden von uns leider kaum beachtet und noch weniger gelebt. Man könnte fast meinen, dass sie irgendwann einmal aus unerfindlichen Gründen versteckt wurden.

In vielen uralten Schriften wird davon gesprochen, dass wir Menschen Lichtwesen sind. Dies haben wir im Laufe der Zeit vergessen. Die Bibel spricht davon, dass Gott uns als sein Ebenbild erschaffen hat. Anscheinend hatten wir in früheren Zeiten einen ganz besonderen Draht zu Gott, eine „direkte" Verbindung, die auch als Hyperkonnektion bezeichnet wird.

Wir haben wohl auch irgendwann vergessen, dass es unser Geburtsrecht ist, voller Freude, Fülle, Leichtigkeit und Liebe leben zu dürfen. Daher machten sich Leid, Armut und Schwere in unserem Leben breit.

In der Geschichte der Welt gab es Epochen, in denen die Machthaber die Menschen dumm halten und von Gott entfernen wollten. Zu diesem Zweck wurden Priester als Verbindungspersonen zwischen den Menschen und Gott eingesetzt. Abgetrennt vom Göttlichen waren die Menschen leichter zu manipulieren und zu beherrschen.

Diese Zeiten der Absonderung vom Ursprung, der Abhängigkeit von Kirchen, Religionen und Glaubenssystemen scheinen sich nun dem Ende zuzuneigen. Es gibt aber immer noch starke Tendenzen, Menschen zu unterdrücken und sie von der Wahrheit fernzuhalten. Dies geschieht auch, indem der Mensch ständig in einen regelrechten Überlebenskampf voller Stress und Angst eingebunden zu sein scheint. Zeit zum Nachdenken über den Sinn des Lebens und die eigene Aufgabe darin fehlt dann oder wird nicht als wichtig wahrgenommen.

Es mangelt auch an praktisch umsetzbaren Wegen und Vorschlägen, wie spirituelle Erziehung sein und funktionieren und wie ein gemeinsames spirituelles Wachstum aussehen könnte.

Jedoch haben wir eine wunderbare Möglichkeit, uns neue Wege zu erarbeiten.
Wir können die indigenen Urvölker beobachten, die seit Jahrtausenden im Einklang mit Mutter Erde leben, und sehen, wie sie es besser machen. Sie haben das Wissen aller Zeiten für uns bewahrt, und so können wir jetzt, wo wir es so dringend brauchen, von ihnen lernen – falls wir bereit sind, einen totalen Umdenkungsprozess zu beginnen.

Natürlich müssen wir uns erst verinnerlichen, dass es eines wachen, klaren Bewusstseins bedarf, um wieder zu einem Leben, das auf Naturprinzipien beruht, zurückzukehren. Wenn nicht jetzt, wann sollten wir sonst damit anfangen?

Wir haben Gründe genug, eine Veränderung herbeizusehnen: unsere verlorene Lebensqualität, die Natur, die aus dem Gleichgewicht geraten ist, die Erwärmung der Erde, die vielen lokalen Kriege und Auseinandersetzungen überall, eine Jugend, die mangels authentischer Vorbilder nach Alkohol und Drogen greift, der Mangel an sozialer Kommunikation, der fehlende Zusammenhalt in den Familien und so weiter. Somit scheint die Zeit mehr als reif für eine Wende zu sein.

Ich spüre, dass wir trotz der momentanen Verwirrung und Destruktion die Kraft finden werden, etwas ganz Neues zu säen, es gemeinsam zu pflegen und wachsen zu lassen. Als Resultat werden wir wieder mehr Geborgenheit, Werte und Lebensfreude an unsere Kindern weitergeben.

Da wir als Menschheit – egal, welche Hautfarbe oder welcher Religion wir angehören – EINS sind, ist dies ein Thema, das jeden Menschen auf dieser Erde betrifft. In den letzten 20 Jahren sind neue Generationen herangewachsen, die uns sehr stark fordern, umzudenken und unsere Prioritäten anders und neu auszurichten.

Sie sind da, um uns mehr mit der weiblichen Energie zu verbinden, mit der Kraft der Erde, den Sternen und den kosmischen Ebenen. Sie möchten uns wieder in den Garten Eden hineinführen, damit wir spüren, dass wir EINS sind und dass es diese Einheit immer gegeben hat – wir sie aber vergessen haben.

Diese neuen Generationen sind gekommen, um neue organische Lösungen auf den Gebieten der Umwelt, Wirtschaft, Produktion, Medizin, Politik, Agrarwirtschaft und des Zusammenlebens zu suchen. Sie vermitteln uns, dass alles, was Mutter Erde bietet, ALLEN gehört und nicht für den Missbrauch durch einzelne Völker existiert.

Die Probleme in unserer Welt sind nicht materieller Art. Sie haben ihre Wurzeln in den Gedanken und den

Glaubensvorstellungen der Menschen. Wir Menschen im Westen sind gnadenlos im Umgang mit der Natur, d.h. den Ozeanen, der Erde, der Flora, der Fauna, den Elementen – und nicht zuletzt auch mit uns selbst und unseren Mitmenschen.

Nach Jahren permanenten Raubbaus an Mutter Erde, in denen wir in einem unglaublichen Tempo jene Energiereserven aufgebraucht haben, die über Millionen von Jahren durch ein Zusammenspiel von Erde, Elementen, Himmel und Universum aufgebaut worden waren, stehen wir vor großen globalen Veränderungen, die wir selbst verursacht haben.
Momentan ist keine globale Lösung in Sicht. Aber immer mehr Menschen scheinen sich der Situation bewusst zu werden und sich für einen Umschwung zu interessieren.

Die Kinder der neuen Generation sehnen sich nach mehr Zeit für ein spirituell erfülltes Leben, nach einem intensiveren Miteinander und nach ausgeglichenen sozialen Strukturen, nach Freude und Leichtigkeit. Wenn wir es schaffen, dass genügend Familien mit ihren Kindern in liebevoller und spiritueller Geborgenheit leben, kann ein wahrer Quantensprung in der Menschheitsgeschichte stattfinden, der unsere Gesellschaft von heute auf morgen vollkommen verändern wird.

Und es gäbe den Himmel auf Erden!

Kapitel 2:

Teil I:
Mama, wer bin Ich?

1. Die große Zentralsonne

Bevor du und die anderen Menschen zur Erde kommen konnten, wollte Gott zuerst ein Universum mit Sonnensystemen, Planeten und Sternen erschaffen. Er wollte einen schönen Platz vorbereiten, an dem die Menschen dann später wohnen könnten, um sich wohlzufühlen.

Da das Licht der Ursprung von allem ist, wollte Gott die gesamte Schöpfung aus Licht gestalten.

Bevor er unser Sonnensystem mit seinen Planeten erschaffen konnte, brauchte er eine Urquelle aus starkem, reinem, weißem Licht.

Also schuf er als Quelle des Lichtes die große Zentralsonne. Dann sagte er: „Es werde Licht." Und es ward Licht.

Die große Zentralsonne ist für uns unsichtbar, aber ihr Licht ist so stark, dass sie alle Sonnensysteme, Planeten und Sterne Tag und Nacht mit Licht speisen kann. Alles braucht dieses Licht der großen Zentralsonne, um existieren zu können.

Licht ist Liebe, Gesundheit, Lebensfreude, Harmonie, Frieden, Kraft, Weisheit und Schönheit – und in allem IST Licht.

Nachdem Gott die Zentralsonne erschaffen hatte, konnte er mithilfe zweier großer Engel unser Sonnensystem mit den einzelnen Planeten entstehen lassen – unser Universum.

Das Licht der großen Zentralsonne wurde auf die vielen Planeten und auf unsere Sonne verteilt und so haben alle immer genügend davon. Das Licht der Zentralsonne wird immer scheinen, über Millionen von Jahren, und wird nie erlöschen.

So entstand also unser Universum.

2. Unser Universum

Von der Erde aus betrachtet erscheint uns das Universum manchmal dunkel und manchmal hell. Das liegt daran, dass die Planeten sich um die Sonne drehen. Daher liegt immer eine Seite, wohin gerade kein Licht fällt, im Schatten. Der Himmel erscheint auf dieser Hälfte des Planeten dann dunkel – es ist Nacht. Wenn sich die Erde weiterdreht, fällt wieder Sonnenlicht auf diese Stelle und es wird Tag.

Das Universum ist riesengroß, und es gibt Millionen von Planeten und Sternen. Es existiert auch eine Sternenansammlung, die wir die Milchstraße nennen. Sie strahlt im Nachthimmel enorm viel Licht aus, da sie aus Tausenden von Sternen besteht, die funkeln und glitzern.

Viele Planeten und Sterne können wir gar nicht sehen, weil sie so weit entfernt sind. Manche Sterne werden gerade „geboren", das heißt, sie entstehen gerade erst, andere „sterben", weil sie schon sehr alt sind.

Alles im Universum ist dauernd in Bewegung. Der Mond dreht sich um die Erde, die Erde dreht sich mit den anderen Planeten und Sternen um unsere Sonne, und das ganze Sonnensystem dreht sich um die große Zentralsonne.

3. Vater Sonne

Als Gott die große Zentralsonne und unser Universum erschuf, war es wichtig, einen „Sonnenhüter" und einen „Erdenhüter" zu finden.

Die Sonne ist für uns Menschen die größte Lichtquelle. Sie schenkt uns Wärme und lässt alle Wesen auf der Erde wachsen. Das Sonnenlicht macht uns stark und gesund. Ohne Sonnenlicht würde alles Leben schnell vergehen.

Gott fragte einen Sonnenengel, ob er unser Sonnenhüter werden und in der Sonne wohnen möchte, um das Licht zur Erde zu lenken. Er bejahte.
Der Sonnenhüter ist wie ein Vater zu uns. Darum nennen wir unsere Sonne auch oft „Vater Sonne".

Als Gott mit dem Sonnenengel redete, war auch der Erdengel anwesend.
Gott fragte ihn, ob er in der Erde leben wolle, um mit seinem Licht und seiner Liebe gut für die Menschen zu sorgen.

Der Erdengel bejahte. Seitdem ist er wie eine Mutter zu uns und darum nennen wir die Erde auch „Mutter Erde".

4. Mutter Erde

Mutter Erde hütet uns als ihre Kinder. Wir leben auf ihr, wir laufen auf ihr, wir tanzen und springen auf ihr herum und sie nährt und sorgt für uns, wie es eine Mutter tut.

Sie sorgt für alle Wesen, die auf der Erde leben: Für uns Menschen, aber auch für alle Tiere, Pflanzen, Kristalle und Steine.

Die Erde ist eine der vielen Planeten in unserem großen Universum. Sie dreht sich um die Sonne, und darum haben wir einmal Tag und einmal Nacht.

Wenn unsere Erde sich dreht, können wir manchmal stundenlang die Sonne nicht sehen. Dann ist es dunkel bei uns und wir gehen schlafen. In dieser Zeit sehen die Menschen, die auf der anderen Seite der Erde leben, das Sonnenlicht. Bei ihnen ist es dann Tag.
Die Erde besteht zu 70 Prozent aus Wasser, das vor allem in den Ozeanen und in den Flüssen fließt. Zu 30 Prozent bestehen die Erde aus Land, Bergen und Tälern.

Die Erde wird auch der „Blaue Planet" genannt, weil sie aus der Ferne, beispielsweise wenn die Astronauten sie aus dem Universum anschauen, ganz blau strahlt.

Die Erde ist unser wahres Zuhause, sie ist unsere Mutter.

5. Wer bist du?

Du bist ein Funke Gottes und bist zur Erde gekommen, weil du hier leben, lernen und etwas bewirken möchtest.

Gott ist ein strahlendes Licht voller Liebe und Wärme. Er hat sein Licht in Millionen von Funken verteilt und sie in alle Richtungen des Universums geschickt.

Du bist ein Funke dieses strahlenden Lichts voller Liebe und Wärme, du BIST diese wundervolle Energie und hast für dein Leben hier auf Erden einen menschlichen Körper aus Fleisch und Blut angenommen.

Dein Licht wird immer weiterleben, es wird nie sterben. Dein Körper ist wie ein Haus für deinen Gottesfunken und es ist wichtig, dass du gut für dein Haus sorgst und gut darauf achtgibst, damit Gott mit Freude darin wohnen kann.

Wenn DU ein Funke Gottes bist, kannst du dir vorstellen, dass auch alle anderen Kinder und Erwachsenen Funken Gottes sind, die hier auf Erden in einem Körper, der ihnen als Haus dient, leben.

Wir sind alle ein Teil von Gott, und zusammen formen wir eine große, göttliche Einheit.

Alles ist EINS.

6. Der Plan Gottes

Um die Sonnensysteme, die Planeten, die Sterne und auch die Menschen zu erschaffen, brauchte Gott einen Plan, sonst wäre es ein schreckliches Chaos geworden.

Der Mensch besteht aus Millionen von Zellen. Er hat innere Organe, ein Herz, ein Gehirn und vieles mehr. Sein Körper wurde von Gott so erdacht, dass alle Teile gut zusammenarbeiten. Dieser Plan wird manchmal auch „Gottesplan" oder „Blaupause" genannt.

Wir alle sind Wesen, die aus dem Licht kommen und in einem menschlichen Körper auf Mutter Erde leben. Tief in diesem Körper haben wir einen Platz, wo Gott den Lebensplan in einem Code versteckt hat.

Diesen Platz nennen wir unsere DNS.

Während des Lebens auf der Erde erfahren und lernen wir immer mehr über Gottes Plan und können, wenn wir älter und weiser sind, verstehen, was unsere Lebensaufgabe und das Ziel unseres Erdendaseins ist.

Gott möchte, dass das in uns lebende Licht auf die Erde strahlt, damit die Erde einmal ein Platz voller Liebe und Frieden wird. Wir nennen das manchmal „den Himmel auf die Erde bringen".

Wenn das einmal wahr wird, werden alle Menschen sehr glücklich sein.

Wenn wir Frieden schließen mit allen Menschen und Gegebenheiten und versuchen, unser Leben mit Liebe im Herzen zu leben, dann strahlt ein immenses Licht durch unsere Erdenkörper hindurch. Dann kann der Himmel glücklich sein, weil er so wundervoll auf der Erde verwirklicht wird.

Doch der Plan Gottes ist nicht ganz so einfach und es gibt vieles, was wir nicht wissen oder verstehen.

Manchmal scheint es so, dass Gott einen riesiggroßen Lichtteppich weben möchte, auf dem das Licht sämtlicher Lichtwesen, die im Universum und auf der Erde leben, wie kleine Puzzelstücke zusammenfinden. Gemeinsam bilden sie dann einen leuchtenden Teppich.

Dieser Teppich strahlt in allen bunten Farben des Regenbogens, da er aus ganz vielen verschiedenen Auren zusammengestellt wurde. Er fliegt hoch durch den Himmel und ist eins mit den Engeln im Engelreich.

7. Wie wirst du ein Baby?

Als du und deine zukünftigen Erdeneltern euch im Himmel getroffen und abgesprochen hattet, dass du als Baby zu ihnen kommst, dauerte es noch lange, bis du geboren wurdest.

Im Himmel ist alles voller Liebe, ja, eigentlich gibt es dort nur Liebe. Du und deine Eltern treffen sich als Seelen und zwischen euch fließt viel Liebe.

Du wächst im Bauch deiner Mama. Dort ist es schön warm und du bist deiner Mama ganz nahe. Du kannst alles hören, was sie sagt, und fühlst, wenn sie sich bewegt oder wenn sie schläft.

Manchmal kann sie dich auch sehen oder fühlen. Meist weiß sie aber nicht, dass du schon da bist. Für sie bist du noch ein Lichtwesen, weil du noch keinen richtigen Körper hast.

Sie liebt dich jeden Tag ein bisschen mehr und freut sich schon auf die Zeit, wenn du geboren sein wirst und sie dich jeden Tag sehen kann.

Wenn du lange genug in ihrem Bauch gewachsen und groß genug bist, gibst du ihr ein Zeichen, dass du jetzt auf die Erde kommen möchtest. Dein Geist geht zu dem neuen Baby, wenn es aus dem Bauch kommt und seinen ersten Atemzug tut. Du bist geboren!

Dein Geist und der Körper des Babys sind nun eins. Jetzt hast du ein eigenes Erdenhaus, deinen Körper, in dem du leben kannst. Deine Erdenmama und deinen Erdenpapa kannst du jetzt mit deinen Augen sehen und sie auch berühren.

Sie strahlen und sind glücklich, dass du jetzt bei ihnen bist.

8. Deine Erdeneltern

Lange bevor du geboren wirst, denkst du, dass du gerne auf einem Planeten leben würdest. Du bist ein strahlendes Lichtwesen, das im Himmel in der bedingungslosen Liebe schwebt und mit seinen Brüdern und Schwestern in Freude zusammenlebt.

Du schaust dir alle Planeten an und entscheidest dich, dass du zum Planeten Erde gehen möchtest, um dort zu leben. Um dort hinzugelangen, suchst du dir sorgfältig zwei Menschen aus, die schon dort, auf der Erde, leben: deine Mama und deinen Papa.

Du erzählst ihren Seelen, was du alles auf der Erde bewirken und lernen möchtest, und so findest du schließlich die richtigen Eltern.

Sie sind voller Liebe und erzählen dir, dass sie dich bei allem, was du dir vorgenommen hast, so gut wie möglich unterstützen werden. Bedingungslose Liebe ist es, die sie zu dir führt. Ihr macht einen Vertrag miteinander, der auf purer Liebe beruht. Dieser Vertrag strahlt weit ins Universum hinein ein goldenes Licht aus.

Du bist aufgeregt. Von weitem kannst du deine Eltern beobachten, obwohl es noch lange dauern wird, bis du geboren wirst. Doch dann ist es soweit: Du wächst im Bauch deiner Mutter heran. Es dauert circa 280 Tage, bis alle Teile deines physischen Körpers ausgebildet sind.

Du liebst deine Mutter und deinen Vater sehr. Der Augenblick, in dem du geboren wirst und zum ersten Mal Luft einatmest, ist ein ganz herrlicher Moment.

Wieder einmal wurde ein Funke Gottes auf dem Planeten Erde geboren!

9. Deine himmlische Seelenfamilie

Deine wahre Familie ist deine Seelenfamilie. Sie besteht aus deinen Sternenbrüdern und Sternenschwestern, die überall verstreut im Universum und auf den verschiedenen Planeten leben. Ihr kennt euch seit langem, aus jener Zeit, als ihr noch EINS mit Gott wart.
So etwas nennt man Seelenverwandtschaft

Sie sind seit Jahrtausenden mit dir verbunden und lieben dich über alles. Ihr lebt nicht immer gleichzeitig auf demselben Planeten, aber in deinem Herzen bist du immer sehr nah mit ihnen verbunden.

Viele von ihnen leben aber auch mit dir auf der Erde. Oft ist es ein lieber Freund oder eine Freundin, mit der du gerne spielst oder zusammen bist. Es ist ein Wesen aus deiner Seelenfamilie, und ihr habt die gleichen Ideen, Gedanken und Empfindungen. Du hast vielleicht das Gefühl, dass du es schon immer gekannt hast.

Deine Erdeneltern, Erdenbrüder, Erdenschwestern oder Erdengroßeltern können auch von deiner himmlischen Familie stammen; das muss aber nicht sein.
Auch wenn sie nicht zu deiner Seelenfamilie gehören, haben sie dich sehr lieb.
Ihr habt einander für dieses Leben gewählt, um als Familie miteinander zu leben und aneinander wachsen zu können.
Es kann also sein, dass du eine irdische Mutter hast,

du dich aber zugleich auch an deine himmlische Mutter erinnerst. Sie wird aber jetzt nicht mit dir zusammenleben, weil deine Erdenmutter für dich sorgen wird und das gerne macht!!

10. Dein Lebensplan

Bevor du geboren wirst und du noch im Himmel schwebst, bist du mit Gott und den Engeln zusammen. Ehe du dich entscheidest, zur Erde zu gehen, plant ihr gemeinsam, wie dein Leben ausschauen soll. Diesen Plan nennen wir den Lebensplan.

Darin steht in groben Linien, was du in deinem Leben machen wirst. Er beschreibt, welche Erfahrungen du brauchst, um ein lichtvoller Mensch zu werden, der sich auf der Erde wohlfühlt und im Herzen mit Gott verbunden ist.

Die Erde ist für uns Menschen ein Planet, auf dem wir einiges für unsere Entwicklung lernen können. Wir brauchen dazu viele andere Menschen, Tiere und Situationen, weil wir am besten MITeinander lernen.

Viele Seelen planen, immer wieder zusammen zur Erde zu gehen, weil sie es lieben, miteinander zu leben und voneinander zu lernen. Sie haben einander einfach sehr lieb und wollen immer zusammen sein.

Wir lernen auf der Erde auf viele verschiedene Arten. Beispielsweise kann es sein, dass jemand dir einmal sehr wehtut, weil er dich nicht achtet oder anerkennt. Das ist natürlich nicht angenehm, aber im Grunde hilft dieser Mensch dir, zu wachsen, weil du so lernen kannst, Dich anzunehmen, so wie du bist.

Wenn du zur Erde gehst und geboren wirst, bekommst du einen eigenen Ton, den du auf der Erde aussendest. Jeder Mensch hat einen ganz bestimmten Ton. Vielleicht kannst du diesen Ton hören?

Es gibt Menschen, die können diese Töne auch bei anderen hören (was wir dann hellhören nennen); aber die meisten hören sie nicht.

In gewisser Weise sind wir also wie ein großes Orchester, das singt und tönt.

Unsere Seelen können diese Töne jedoch immer hören. Wenn deiner Seele die Töne eines anderen Menschen gefallen, ist es oft ein alter Seelenfreund von dir oder jemand aus deiner himmlischen Familie. Du erinnerst dich und hast das Gefühl, denjenigen vielleicht aus anderen Leben zu kennen.

Menschen, die einen Ton aussenden, den unsere Seele nicht so mag, werden normalerweise nicht unsere Freunde.

Wenn du ganz still bist und deine Aufmerksamkeit nach innen richtest, kannst du möglicherweise deinen Ton hören. Du kannst ihn dann singen, leise aber hörbar.
Das wird andere Menschen anziehen und sie können deine Freunde werden.

11. Dein Lebensziel

Du bist zur Erde gekommen mit einem eigenen Lebensziel. Vielleicht kennst du es noch nicht, das macht nichts! Es gibt Dinge, die du gut kannst, die du liebst und die dir Freude bereiten. Solche Dinge können ein Hinweis auf dein Lebensziel sein.

Deine Seele und deine Engel werden dir immer helfen, dein Lebensziel zu finden. Sie mögen es, dich daran zu erinnern, was du liebst und was dir Spaß macht; denn dort liegen deine Lebensaufgabe und der Grund, warum du zur Erde gekommen bist.

Wenn du etwas mit Liebe und Freude tust, kannst du es auch gut und wirst vielen Menschen mit deiner Liebe und Begeisterung helfen können.
Das gilt für alle Menschen auf der ganzen Erde.

Tipp:

Wenn du morgens aufwachst, bedanke dich für den neuen Tag und frage, was du an diesem Tag machen kannst, damit er dir Freude und Liebe bringt, – und auch anderen. Denke nicht an Probleme oder an das, was du an diesem Tag alles tun willst.
Stelle dir lieber vor, wie du dich an dem vor dir liegenden Tag mit den Dingen umgibst und beschäftigst, die du liebst.

12. Deine Erdwurzeln

Wir alle sind Kinder von Mutter Erde und wir sind durch zwei Erdwurzeln mit ihr verbunden.

Viele Kinder und junge Menschen sind nicht gut geerdet. Ihre Wurzeln sind nicht sehr stark, die Energie von Mutter Erde kann deshalb schlecht durch die Erdwurzeln in ihre Beine fließen.

Die Erdwurzeln sind sehr, sehr wichtig, um auf der Erde leben zu können. Sie helfen dir, deine Lebensaufgabe zu erfüllen. Jeder Fuß hat an der Fußsohle eine eigene Erdwurzel, die unsichtbar durch die vielen Schichten der Erde reicht und mit ihrer Mitte verbunden ist.

Wenn deine Erdwurzeln stark und gesund sind, kannst du dich gut mit deiner Seele und Gott verbinden, um so die Liebe von Mutter Erde an alle anderen Menschen weiterzugeben. Du bist dann gut auf der Erde verankert und kannst deine Gedanken, Ideen und Visionen umsetzen.

Sind deine Erdwurzeln eher verkümmert, kann dein Lichtwesen, deine Seele, nicht ganz in deinem physischen Körper wohnen. Ein Teil bleibt dann noch im Himmel verwurzelt. Du bist dann manchmal abwesend, als ob du mit offenen Augen träumst. Oder du fühlst immer einmal wieder, dass du gar nicht auf die Erde gehörst oder auf ihr leben willst.

Als du mit Gott und den Engeln deinen Lebensplan gemacht hast, war jedoch vollkommen klar, dass du zur Erde gehen wolltest, um dort mit den Menschen zu leben und ihnen zu helfen.

Um das tun zu können, ist es wichtig, dass du gut geerdet bist.

13. Deine Lichtschnur

So, wie du Erdwurzeln hast, die dich mit Mutter Erde verbinden, hast du auch eine Art „Schnur", die dich mit dem allerhöchsten Licht im Universum verbindet: die Lichtschnur.

Diese Lichtschnur ist unsichtbar, aber die meisten Menschen können sie deutlich spüren. Wenn du ganz still bist, kannst du sie bis in die oberen Lichtebenen mit deinem inneren Auge verfolgen.

Sie fängt oben an deinem Kopf, an der Schädeldecke an und reicht bis in den Himmel hinauf. Sie reicht durch alle Luftschichten und Wolken hindurch. Das Ende der Lichtschnur ist mit dem Licht Gottes verbunden. Ganz oben im Gotteslicht verbinden sich alle Lichtschnüre zu einer Einheit.

Wenn deine Lichtschnur gesund und stark ist, kann sie dich immer mit strahlend-weißem Licht versorgen. So bist du stets in Licht gehüllt und geschützt.

Über deine Erdwurzeln bist du also auf der Erde verankert und zugleich durch die Lichtschnur mit dem höchsten Licht verbunden.

Das wird der „Himmel auf Erden" genannt, da du beide Ebenen miteinander verbindest und ein wunderschönes Licht ausstrahlst.

14. Was deine Augen sehen

Deine Augen schauen in die Welt und können alle sichtbaren Dinge wahrnehmen.

Sie sind sehr wichtig, damit du dich auf deinem Lebensweg sicher bewegen kannst.

Nachts, wenn es dunkel ist, funktionieren unsere Augen nicht sehr gut, und du musst lernen, dein inneres Auge, das du bei deiner Geburt mitbekommen hast, zu benutzen. Dieses sogenannte „Dritte Auge" befindet sich zwischen deinen Augenbrauen.

Als Baby lernst du von deinen Eltern viel über die Dinge, die du mit deinen Augen siehst. Später lernst du im Kindergarten, in der Schule, von deinen Freunden und aus den verschiedenen Medien, also beispielsweise durch Fernsehen oder Zeitungen, noch mehr darüber.

Manchmal kannst du mit deinen Augen auch Dinge aus der unsichtbaren Welten sehen: Auren, Lichtwesen, Feen, Devas oder andere kleine Erdwesen.

Aber meist siehst du diese Wesen oder Lichter nur mit deinem Herzen und dem inneren Auge.

Um gut mit dem Herzen und dem inneren Auge sehen zu können, musst du ganz still werden.

15. Auch dein Herz kann sehen

Dein Herz ist Gold wert und wurde dir bei deiner Geburt als besonderes Geschenk von Gott gegeben, um vieles wahrzunehmen, das du mit deinen Augen nicht sehen kannst.
Dieses Sehen mit dem Herzen ist etwas ganz Besonderes.

Mit deinem Herzen kannst du leicht Wellen und Energien von Gedanken und Gefühlen empfangen, so als ob es eine große Antenne hätte.

Du kannst dir vorstellen, dass du in deinem Herzen an einem Knopf drehst und wie beim Radio den Sender einstellst. Und siehe: Du kannst Gott oder deine Engel hören, wie sie mit dir reden, vielleicht kannst du sie auch sehen.

Das Herz ist etwas Wunderbares und besitzt große Weisheit.

Es kann sein, dass du sofort etwas begreifst oder ganz spontan die Lösung für ein Problem weißt; dann ist das meist dein Herz, das sieht und Dinge erkennen kann.

Sage deinem Herzen jeden Tag, wie lieb du es hast; dann wird es immer gut für dich arbeiten.

16. Dein Erdenkörper

Mit deinem physischen Körper kannst du sehen, fühlen und etwas anfassen.
Deine Seele übernimmt diesen physischen Körper bei deiner Geburt. Er ist dein Haus hier auf der Erde; ein Haus, in dem Gott wohnen kann. Ohne ihn könnte er das gar nicht tun.

Dieser Körper wird auch dein Erdenkörper genannt: Du brauchst ihn auf der Erde, um (über)leben zu können.

Dieser Körper ist hauptsächlich aus Erde, Luft, Wasser, vielen Mineralien und Erdstoffen gemacht. Wir nennen ihn auch „den Körper aus Fleisch und Blut".

Du kannst diesen physischen Körper benutzen, um zu essen, zu trinken, zu laufen, zu rennen, zu spielen, zu sehen, zu hören usw. Er macht es dir möglich, lange auf der Erde zu leben, wenn du gut für ihn sorgst und er gesund bleibt.

Wie du ja schon weißt, gehören zu diesem physischen Körper zwei Erdenwurzeln, die ihn fest mit Mutter Erde verbinden. Auch diese sind sehr wichtig für deine Seele, obwohl sie für die meisten Menschen unsichtbar sind.

Für deine Seele sind sie jedoch sehr wichtig, um in einem Körper auf der Erde leben zu können, da du sonst zu sehr abheben würdest. Sie könnte dann gar nicht richtig in deinem physischen Körper leben. Er wäre einfach zu schwach und zu wenig erdgebunden.

17. Dein zweiter Körper

Außer deinem physischen Körper, dem Erdenkörper, hast du noch einen zweiten Körper. Während des Tages, also wenn du wach bist, benutzt du den Erdenkörper ständig, weil du ihn zum Essen, Trinken, Laufen, Spielen, Sehen, Hören, Lernen, Schwimmen und vielem anderen brauchst.

Dein zweiter Körper wird auch „spiritueller" oder „geistiger" Körper genannt. Er hat noch viele andere Namen, aber wir wollen ihn hier „Lichtkörper" nennen. Er ist ganz hell, durchsichtig und strahlt all das viele Licht, was er in sich hat, aus.

Diese zwei Körper, der physische und der Lichtkörper, sind immer durch eine silberne Schnur miteinander verbunden. Diese Silberschnur befindet sich vorne, in der Mitte deines physischen Körpers und verbindet ihn ganz fest mit deinem Lichtkörper.

Die Silberschnur kann niemals abreißen. Sie ist enorm dehnbar und kann bis zum am weitesten entfernten Stern reichen.
Sie kann sogar so lang werden, dass es dem Lichtkörper möglich ist, zu allen Sternen im Himmel zu reisen.

Während du schläfst, will dein Lichtkörper zu besonderen, weit entfernten Orten oder Sternen reisen. Er geht langsam aus deinem physischen Körper heraus, während die Silberschnur euch weiter verbindet.

Die Silberschnur ist unsichtbar und sie behindert den Lichtkörper nicht. Er kann sich gut und frei mit ihr bewegen.

Manchmal geht der Lichtkörper, während du in deinem Bett schläfst, auch zu den Engeln oder zu Gott. Oder er geht in die Engelschule, die er besuchen kann, um mehr über Gott und die Planeten zu lernen.

Bevor du aufwachst, kommt der Lichtkörper ganz schnell zurück und schlüpft wieder in deinen physischen Erdenkörper hinein, ohne dass du es bemerkst. Weil er sehr schnell reisen kann, ist das nie ein Problem. Gott hat dies in seinem Plan gut ausgedacht.

Später, wenn du älter bist, kannst du lernen, den Lichtkörper selbst hinauszuschicken, um andere Welten zu erforschen. Das tust du dann in der Meditation, wenn du still und sehr entspannt bist.

Es ist ein richtiges Gottesgeschenk, zwei so wundervolle Körper zu haben.

18. Deine Träume

Jedes Kind und jeder erwachsene Mensch träumt in der Nacht. Träume sind wundervolle Erfahrungen, die helfen können, deine Probleme zu lösen. Sie vermögen dir vieles zu erzählen. In ihnen kannst du manchmal auch die Vergangenheit oder die Zukunft sehen.

Es gibt schöne Träume, aber auch solche, die dir Angst machen. Diese unangenehmen Träume werden auch Albträume genannt. Manchmal träumen wir auch von Dingen, an die wir während des Tages gedacht haben.

Die schönen Träume können dir beispielsweise zeigen, wo deine Seele in der Nacht hingereist ist. Oder sie zeigen dir andere Welten, in denen du mit deinem zweiten Körper umherreist, wenn du schläfst.

Es gibt auch Träume, die dir Begegnungen mit Menschen zeigen: Begegnungen, die du in weiter Vergangenheit hattest oder in ferner Zukunft noch haben wirst.

Unangenehme Träume verraten dir, wovor du Angst hast und helfen, es dir bewusst zu machen. So kannst du lernen, diese Ängste aufzulösen. Träume werden dir nie wehtun. Sie kommen als Freunde zu dir, um dir zu helfen.

Wenn du mit jemandem, am besten mit deiner Mama oder deinem Papa, über einen unangenehmen Traum sprichst, wirst du sehen, dass deine Angst sofort kleiner wird oder sich komplett auflöst. Der Traum wird dann nicht mehr zu dir kommen. Du wirst dann immer öfter schöne Träume haben.

Vielfach erinnerst du dich an deine Träume nicht mehr, oder sie sind so verwirrend und durcheinander, dass du sie nach dem Aufwachen nicht mehr erzählen kannst.

Das macht nichts, weil deine Seele, ohne dass du es weißt, diese Träume genau versteht und sie speichert, wie es ein Computer tut. Sie wird sie irgendwann verarbeiten und auflösen.

Es gibt noch eine weitere Form von Träumen, in der du mit Gott und den Engeln sprechen kannst. Du darfst sie besuchen und während der Nacht in ihrer Welt leben. Manchmal arbeitest du Seite an Seite mit den Engeln und hilfst in vielen Planetensystemen jenen Wesen, die Heilung brauchen.

Du kannst dich im Traum auch mit deinem Lebenstagebuch verbinden und über dein jetziges Leben oder über frühere Leben nachlesen.

Viele Meister, die große Weisheit erlangt haben, sagen, dass die Welt der Träume viel realer sei als das Leben hier auf Erden.

19. Was sind Engel?

Gott hat viele Lichtwesen erschaffen, die keinen Erdenkörper haben und die ihm im Himmel und im
ganzen Universum helfen. Sie sind seine Boten. Diese
Boten-Lichtwesen gibt es in allen Größen. Sie werden
Engel genannt.

Es gibt klitzekleine und auch riesengroße Engel. Es
gibt Blumenengel, Schutzengel, Geburtsengel und
Sterbeengel. Es gibt auch Engel, die mit dir spielen
und solche, die dir bei allen Dingen im täglichen Leben helfen.

Die Engel, die am meisten Licht ausstrahlen, sind die
Erzengel. Sie haben die höchste Lichtstufe. Jeder Erzengel hat einen ganz bestimmten Aufgabenbereich,
der ihm von Gott zugeordnet wurde.

Alle Engel wachen mit Gott über alles Leben auf der
Erde. Jede Art von Engeln hat einen speziellen Auftrag,
wie beispielsweise der Schutzengel, der dich durch den
Tag begleitet und dich in der Nacht abholt, um mit dir
durch die unsichtbaren Welten zu schweben.

Alle Engel haben ein großes Herz mit viel Liebe. So
müssen wir sie einfach auch liebhaben.

Manchmal kannst du die Engel sehen. Sie sehen ganz
unterschiedlich aus und so, wie du deinen Engel

siehst, sieht er auch tatsächlich aus! Die Engel zeigen sich nämlich so, wie wir sie uns vorstellen, damit wir Vertrauen zu ihnen haben.

Engel kennt man in allen Kulturen der Welt, aber sie stehen natürlich ÜBER allen Kulturen und Nationalitäten. Darum können sie unterschiedlich ausschauen!

Sie kommen zur Erde, um allen Menschen, egal ob groß oder klein, zu helfen. Das ist der allerwichtigste Auftrag, den sie von Gott erhalten haben.

Engel können auch sehr fröhlich sein und mit dir spielen und lachen! Dann klatschen sie in ihre Engelhände und schlagen Purzelbäume.

Manchmal kannst du auch die Schutzengel von anderen Menschen sehen; oder du hörst, wie dein Schutzengel mit dem Schutzengel deines Freundes spricht.

Du kannst auch andere Engel sehen, wenn du innerlich ganz ruhig wirst, oder sie besuchen dich in deinen Träumen.

20. Dein Schutzengel

In jenem Augenblick, in dem du dich entschlossen hast, zur Erde zu gehen, hat Gott einen Engel für dich ausgesucht, der dich begleiten und auf dich aufpassen soll. Diesen Engel nennen wir Schutzengel, weil er dich beschützt.

Ein Engel ist ein Lichtwesen, das keinen Erdenkörper hat. Deshalb wird dein Schutzengel für die meisten Menschen unsichtbar sein. Dennoch ist er immer in deiner Nähe, auch wenn du schläfst.

Er kommt zu dir, wenn du geboren wirst, um dich zu beschützen und dir zu helfen. Er wird mit dir sprechen und dir alles erzählen, was du wissen musst. Wenn du ganz still bist, kannst du ihn hören – und du darfst natürlich auch mit ihm sprechen.

Dein Schutzengel ist ganz allein DEIN Engel; er ist nur für DICH da. Da er direkt mit Gott in Verbindung ist, bist du Tag und Nacht unter Gottes Schutz. Somit kann er dir helfen, immer den Weg zu Gott zu finden, wenn du es möchtest.

Du kannst natürlich auch selbst direkt mit Gott sprechen, aber wenn du einmal unsicher sein solltest, hilft dir dein Schutzengel.

Er liebt dich sehr und du kannst, immer wenn du es

möchtest, seine Liebe fühlen und sehr glücklich mit seiner Freundschaft sein.

Vielleicht spürst du in bestimmten Momenten, dass ein Flügel dich berührt oder streichelt. Dann weißt du: Dein Engel ist da. Oder er gibt dir ein Gefühl von Sicherheit und Geborgenheit.

Mit der Zeit wirst du ganz genau spüren, wann dein Schutzengel in deiner Nähe ist.

21. Es gibt viele Teile von dir

Du bestehst aus verschiedenen Aspekten (Teilen), die unterschiedliche Aufgaben haben. Ein Teil von dir kann beispielsweise impulsiv und wild sein; er tut immer Dinge, ohne nachzudenken. Ein anderer Teil ist vorsichtig, hat Angst und reagiert langsam.

Oder ein Teil von dir will, dass die anderen ihn lieben und möchte nicht, dass Menschen verärgert oder sauer auf ihn sind. Wieder ein anderer Teil hat Angst vor Veränderung oder der Zukunft.

Das sind alles Aspekte von dir. Sie leben in dir, meist nebeneinander. Manchmal kämpfen und streiten sie miteinander, und viele von diesen Teilen sind unglücklich.

Wenn du eine Stimme hörst, die dir sagt: „Das kannst du nicht!" oder „Du bist nicht gut genug", so ist das sicher einer von diesen Teilen, der nicht zufrieden und unglücklich ist.

Jeder Mensch auf Erden besteht aus diesen verschiedenen Anteilen. Wir nennen sie auch die Teilpersönlichkeiten, weil sie wie richtige kleine Personen in dir sind. Sie möchten eigentlich gar nicht miteinander streiten und dich dauernd hin- und herziehen. Eigentlich möchten sie EINS sein und miteinander in Frieden leben.

Solche Teilpersönlichkeiten entstehen beispielsweise in Krisenzeiten, in denen es einem nicht gut geht, man viel Angst hat, oder wenn man etwas, was Eltern, Freunde oder andere Menschen tun, falsch versteht.

Du kannst mit jeder dieser Teilpersönlichkeiten sprechen und ihr erzählen, wie du dir dein Leben vorstellst. Am besten bittest du deinen Engel, dir dabei zu helfen.

Ich gebe dir mal ein Beispiel: Du hast Angst, dass du vom Fahrrad fällst. Wenn du Angst hast, hat nur ein Teil von dir Angst, weil er sich vielleicht früher einmal schrecklich wehgetan hat bei einem Sturz. Das ist dann die Teilpersönlichkeit der „Fahrradangst".

Du kannst nun diesem Teil in dir erzählen, dass du ab jetzt gut, sicher und ohne Angst Fahrrad fahren willst. Sage ihm, dass alles okay ist und er es sicherlich gut kann. Du wirst sehen: Es wird kinderleicht sein, danach Fahrrad zu fahren.

22. Deine Aura

Alle lebenden Dinge sind voll von Licht. Du kannst dir diese Lichtenergie ähnlich wie Elektrizität vorstellen. Sie strahlt aus deinem Körper heraus. Um dich herum formt sie eine Hülle oder ein Feld, in dem viele Farben sind. Diese Farben glänzen und strahlen. Solch eine Energiehülle nennen wir die Aura.

Die Aura hat viele wunderschöne Farben und ist immer in Bewegung. So wie das Kerzenlicht flackert, bewegen sich auch die Farben in deiner Aura.

Es gibt verschiedene Schichten in deiner Aura. Du hast Farben, mit denen du geboren wirst, die zu deinem Lebensplan gehören. Jemand kann beispielsweise ein „blauer" Mensch sein mit vielen gelben oder ein „gelber" Mensch mit viel grünen Anteilen.

Jeder Mensch hat seine eigenen Farben.
Sie können sich aber verändern, je nachdem, in welcher Stimmung man gerade ist. Wenn man krank oder verärgert ist, hat die Aura eher „schmutzige" Farben und wenn man fröhlich und glücklich ist leuchtende Farben.

Die Aura kann uns viele Dinge über eine Person erzählen. Sie zeigt, wie es um ihre Gesundheit steht, oder ob die Person mit Gott oder den Engeln verbunden ist.

Wenn man braune oder graue Farben in der Aura eines Menschen sieht, kann das bedeuten, dass der Mensch sehr krank ist.

Oder man sieht jemanden, der viel Rot in seiner Aura hat. Das kann bedeuten, dass er frustriert oder wütend ist.

Wenn du einen Baum länger anschaust, kannst du ein weißes Licht sehen, das um die Blätter herum strahlt. Das ist die Aura des Baumes. Auch alle Pflanzen, Blumen und Tiere haben eine Aura.

Viele Menschen können die Aura sehen oder spüren, wissen das aber gar nicht, weil sie nicht wissen, was eine Aura überhaupt ist.

Farben in deiner Aura:

Hier beschreibe ich, welche Bedeutung die Farben in einer Aura haben können. Sie können auf positive Dinge hinweisen, aber auch auf negative. Es gibt viele Bücher, die du dir mit deinen Eltern anschauen kannst, um mehr darüber zu lernen.

Rosa: bedingungslose Liebe und viel Mitgefühl für alle Wesen;
zu Verlegenheit neigend; still; liebesbedürftig

Rot: Mut; Kraft und Selbstvertrauen; großer Überlebensinstinkt; viel Energie und Ausdauer;
zu schlechter Stimmung neigend; cholerisch; wütend; frustriert; explosiv; engstirnig und eigensinnig

Orange: Mut; Selbstvertrauen; liebt Aufregung, Abenteuer, Risiko und körperliche Gefahr; gesellig und lebendig;
egoistisch und egozentrisch ohne Mitgefühl oder Fürsorge; zu Abhängigkeit neigend

Gelb: Humor, Lachen und Freude; sensitiv; kreativ und künstlerisch;
zu Suchtverhalten neigend, angstvoll; verletzlich; verlegen; voller Sorgen und Verwirrung

Grün: intelligent; kraftvoll und klar; gut organisiert; liebt Kontrolle und mentale Herausforderungen; hilft gerne anderen;
schnell frustriert und eifersüchtig

Blau: freundlich und human; umsorgt und kümmert sich; lebt mit Herz und Gefühl; stark intuitiv und hoch spirituell;
zu Selbstmitleid und Opferhaltung neigend; depressiv; wenig Selbstliebe

Indigoblau: spirituell mit Gefühl für Wahrheit; bewusst; kreativ; unabhängig; intuitiv und hellfühlig; verwirrt; ängstlich; desorientiert; isoliert und einsam

Violett: liebt es, dicht bei Gott zu leben; dynamisch; charismatisch; liebt Musik und Freiheit; Träumer; arrogant; fanatisch; nicht geerdet

Grau: deutet darauf hin, dass der Körper nicht gesund ist oder viele negative Gedanken hat

Braun: deutet darauf hin, dass der Mensch sehr irdisch ist oder viele negative Gedanken hat

23. Du hast Energieräder oder Chakren

Jeder Mensch besitzt Energiewirbel, die vorne und hinten am Körper sitzen und Chakren genannt werden.

Sie versorgen die Aura und den physischen Körper mit wichtiger lichtvoller Lebensenergie.

Man könnte auch sagen, dass jedes Chakra energetisch atmen kann und durch diese Atmung Lebensenergie aufnimmt.

Mit dieser Lebensenergie versorgt es die Organe, die in seiner Nähe liegen, damit sie gesund bleiben und fleißig für uns arbeiten.

Es gibt sieben Hauptchakren. In Indien werden sie auch Energieräder genannt, weil sie ständig die Lebensenergien spiralförmig in Bewegung bringen.

Am besten fühlen wir uns, wenn unsere Chakren geöffnet sind und die Energien gut fließen können. Dann sind wir gesund und können uns leicht mit unserem Engel verbinden.

Teil II:
Mama, wie geht das mit dem Licht?

24. Du bist ein Sternenkind und ein Lichtarbeiter

Du bist als Funke Gottes von den Sternen zur Erde gekommen. Jetzt bist du ein Mensch mit einem Körper aus Fleisch und Blut. Du bist hier mit deinen Erdenwurzeln geerdet, aber du bleibst immer ein Teil Gottes.

Du bist aus Licht und Erde aufgebaut und wirst immer Licht ausstrahlen, so wie alle anderen Menschen auch.

Oft werden wir auch Sternenkinder genannt, weil wir von weit entfernten Sternen zur Erde gekommen sind.

Manche Menschen können sich sogar an den Stern, der ihr Zu Hause war, erinnern; oder sie träumen in der Nacht von diesem Stern und reisen mit dem zweiten Körper dorthin.

Der Mensch wird auch ein Lichtarbeiter genannt, weil er das Licht, das in ihm wirkt, ausstrahlen kann.

Durch dieses Licht ist er wie ein Leuchtturm, der anderen helfen kann, den Lichtweg zu finden, wenn sie diesen in der Dunkelheit verloren haben.

Eine der höchsten Lebensaufgaben, die wir auf der Erde haben, wurde uns von Gott und den Engeln ganz deutlich benannt:

Sei ein strahlender Leuchtturm und sende dein Licht immerzu in die Welt hinaus.

25. Licht schützt dich

In deinem Herzen und in deinem Kopf existiert ein sehr kraftvolles Licht. Du kannst es dir wie den Laserstrahl einer Taschenlampe vorstellen, die du jederzeit an- oder ausschalten kannst.

Andere Menschen können dieses Licht nicht sehen, weil es im Inneren deines Herzens und Kopfes strahlt. Der Strahl ist gefüllt mit einem kraftvollen weißen Licht, das auch das „Schutzlicht" oder „Christuslicht" genannt wird.

Es ist so stark, dass es dich immer gegen alles in der Welt und im Universum schützen kann.

Dieser Lichtstrahl hört nie auf. Er kann nie zerstört werden und ist immer bei dir, auch wenn du nicht mehr auf der Erde, sondern wieder bei Gott wohnst.

Wenn dich jemand ärgert, du Angst hast oder in einer gefährlichen Situation bist, dann richte dieses weiße Licht, das sich in deinem Kopf befindet, auf die Umgebung um dich herum. Du bist dann vollkommen geschützt.

Sollten Erwachsene oder andere Kinder dir Böses wünschen oder dich bedrohen, kannst du den Schutzlichtstrahl aus deinem Herzen direkt auf sie richten. Das Licht ist so stark und voller Liebe, dass es die anderen nie verletzen wird. Sie werden aber aufhören, dich zu belästigen. Das Licht kann helfen, dass sie anfangen, Dinge anders und klarer zu sehen, wenn sie offen dafür sind.

Du kannst den Lichtschutzstrahl auch benutzen, wenn du dich im Dunkeln befindest und innere Vorstellungen oder Bilder dich ängstigen. Damit lösen sich diese Gedankengespinste sofort auf!
Du fühlst dich dann wieder sicher und kannst ruhig atmen und weiterschlafen.

26. Dein Schutzkreis

Als du dich entschlossen hast, zur Erde zu kommen, hat Gott dir wirklich tolle Hilfsmittel mitgegeben, um dich im Notfall zu schützen.

Ein anderes Hilfsmittel wird das „weiße heilige Schutzlicht" genannt. Es ist ein sehr, sehr klares, strahlend weißes göttliches Licht.

In deinen Gedanken kannst du dir ausmalen, wie dieses weiße Licht eine Kugel um dich herum formt. Alles, was dir lieb ist, kannst du schützen (natürlich zuallererst dich selbst), indem du es in diese Kugel hüllst. Du kannst diese Lichtkugel morgens im Geiste erschaffen, bevor du aufstehst. Dann bist du den ganzen Tag in dieses Licht der Kugel eingehüllt und wirst dich ganz geschützt fühlen.

Am Abend, vor dem Schlafengehen, stellst du dir nochmals diese Kugel vor und aktivierst sie. So bist du auch während der Nacht geschützt.

Du kannst dir auch vorstellen, euren Hund, die Katze oder das ganze Haus, in dem ihr lebt, in diese weiße Kugel zu stecken. Sie alle werden dann vollkommen geschützt sein. Du kannst deutlich mit dem inneren Auge sehen, wie das Haus und alle, die darin wohnen, in das weiße Licht gehüllt sind.

Wenn du spürst, dass du extra viel Schutz brauchst,

kannst du Liebe in die Lichtkugel schicken. Schicke so viel, dass du sicher bist, dass dir nichts mehr passieren kann. Will dich beispielsweise jemand verletzen, schicke ihm extra viel Liebe aus deinem Herzen. Er wird dich dann nicht mehr verletzen können.

Du kannst das Schutzlicht und das „Liebeschicken" überall einsetzen, sowohl in der Schule als auch auf der Straße – also immer dann, wenn du Angst hast oder unsicher bist.

27. Farben heilen und schützen dich

Neben dem weißen Licht gibt es noch viele Farben, die uns Gott geschenkt hat. Da das weiße Licht jedoch alle Farben in sich vereint, ist es besonders kraftvoll.

Farben haben einen Einfluss auf unsere Gefühle und unseren Körper. Sie zeigen in unserer Aura sofort, wie wir uns im Moment fühlen.

Um zu sehen, dass tatsächlich alle Farben in diesem weißen Licht vorhanden sind, kannst du ein Stück Glas oder ein Prisma nehmen und es ins Licht halten. Das weiße Licht wird in viele bunte Farben aufgefächert, wie ein Regenbogen am Himmel.

Diese Farben des Regenbogens werden auch „heilige Farbstrahlen" genannt, da sie von Gott geschaffen wurden, um uns zu begleiten. Sie sind aus purem Licht und spiegeln verschiedene Aspekte Gottes und des Universums wider.

Jeder Farbstrahl hat seine eigene Schwingung und kann dich schützen, heilen und ins Gleichgewicht zurückbringen.
Wenn dir eine Farbe unangenehm ist, bedeutet dies, dass du ein Problem mit einem Thema hast, das durch diese Farbe symbolisiert wird.
Sie kann dich vielleicht aus der Balance bringen, aber so natürlich auch helfen, das Problem zu bearbeiten

(siehe die Erklärungen über die verschiedenen Farben auf den Seiten 78 bis 80).
Schön ist es, dass deine Lieblingsfarbe meist auch die Hauptfarbe deiner Aura ist!

Es kann sein, dass du bereits beim Aufstehen genau weißt, dass du einen roten Pulli anziehen willst, weil dieser rote Pulli dich heute glücklich machen wird. Das ist so, weil dein Körper und deine Aura genau wissen, welche Farben du heute brauchst, um dich gut zu fühlen. Achte also morgens, wenn du aufstehst, darauf, welche Farbe dir zuerst in den Sinn kommt.

Eine der sanftesten Farben ist die Farbe Rosa. Es ist die Liebesfarbe, die Farbe der bedingungslosen Liebe. Sie hilft, vieles in uns zu heilen.

28. Dein Lebenstagebuch

Das Gedächtnis der gesamten Welt wird gespeichert. Alles, was auf der Erde jemals geschehen ist und was die Menschen gedacht, gefühlt oder getan haben, wird in einem großen, unsichtbaren Lichtbuch aufbewahrt.

Dieses Lichtbuch, das voll von Informationen ist, nennt man auch die Akasha-Bibliothek.

Das Buch wird von Gott und seinen Engeln an einem Ort zwischen den Sternen gehütet. Dieser Ort liegt weit entfernt von der Erde, sogar viele Lichtjahre entfernt.

In dem Lichtbuch steht nicht nur all das, was in der Vergangenheit geschehen ist, sondern auch alles über die Gegenwart und die Zukunft.
Du kannst dir dieses Lichtbuch wie einen großen Computer vorstellen, in dem alles gespeichert ist, auch die Gedanken aller Menschen.
Du weißt ja, dass die Gedanken, die Menschen haben, real sind.

Obwohl du das Lichtbuch und seine Seiten mit offenen Augen nicht sehen kannst, kannst du dich mit geschlossenen Augen damit verbinden.
Doch musst du wissen, dass du nicht alles lesen darfst. Es ist sehr heilig, dieses Buch, und muss mit großem Respekt behandelt werden.

Es ist dir nur erlaubt, in dem Lichtbuch zu lesen, wenn etwas wichtig für dich ist oder es dir für dein weiteres Leben helfen kann.

29. Deine Lebensaufgabe

Du bist mit einer eigenen Aufgabe auf diese Welt gekommen. Mit einer speziellen Aufgabe, um Mutter
Erde und der Menschheit zu helfen, ein besseres, be-
wussteres Leben zu führen.

Vielleicht weißt du noch nicht, welche Aufgabe du genau hast, aber das macht nichts! In deinem Leben wirst
du viele Dinge entdecken, die du gut kannst, die du
auch sehr liebst und die dir Freude bereiten. Diese Dinge haben immer mit deiner Lebensaufgabe zu tun.

Du bist ein wunderschönes strahlendes Licht und das
Allerwichtigste, was du auf der Erde tun kannst, ist:
lerne, du selbst zu sein und dieses Licht auszustrahlen.
Stelle es dir wie eine Lampe vor, die man anknipst, damit alles hell wird. Du bist wie diese Lampe.

Während du aufwächst und älter wirst, zeigen dir
deine Seele und deine Engel deine Lebensaufgabe auf
vielfältige Weise. Sie helfen dir jeden Tag, dich daran
zu erinnern, was du liebst und was dir Spaß macht.

In seinem Plan hat Gott für alle Menschen ein Leben
voller Freude und Liebe vorgesehen. Jeder soll froh
und glücklich sein. Eines Tages wirst du genau sehen
können, warum du zur Erde gekommen bist und was
du ihr mit deinem Wesen und deinem Sein schenken
kannst.

Teil III:
Mama, was ist ...

30. ... Energie – Schwingung?

Es gibt viele Energien, die sich um uns herum, durch uns hindurch, und aus uns heraus bewegen. Diese Energien nennen wir auch Schwingungen. Alle Menschen haben Schwingungen, die sie spürbar aus ihrem Körper aussenden.

Die gesamte Schöpfung besteht aus Schwingungen. Alles, was je geschaffen wurde, hat eine Eigenschwingung. Meist können wir sie nicht sehen, aber oft fühlen wir sie.

Auch wir Menschen bestehen aus Schwingungen. Sie zeigen genau, welche Persönlichkeit ein Mensch hat und in welcher Stimmung er sich momentan befindet.

Ist ein Mensch glücklich und zufrieden, bewegen sich seine Schwingungen sanft aus ihm heraus. Man fühlt sich wohl in seiner Nähe, man könnte aber auch sagen, dass man sich in seinen Schwingungen oder in seinem Energiefeld wohlfühlt.

Ist ein Mensch jedoch verwirrt, wütend oder nervös, bewegen sich die Schwingungen viel schneller und unregelmäßig aus ihm heraus. Wenn wir länger mit ihm zusammen sind, kann es geschehen, dass wir selbst nervös oder verwirrt werden, weil wir seine Schwingungen übernommen haben.

Du kannst dir vorstellen, dass alle Lebewesen und alle Dinge ihre Schwingungen in die Atmosphäre aussenden. Tiere können beispielsweise von weit entfernt Schwingungen spüren. Dein Hund oder deine Katze spüren oft, dass du bald von der Schule nach Hause kommen wirst und warten schon an der Tür auf dich, weil sie einfach deine Schwingung gewittert haben.

Eigentlich spürt auch jeder Mensch alle Schwingungen um sich herum, obwohl er sich dessen meist gar nicht bewusst ist.

Du findest Freunde meist über ihre Schwingungen.
Du magst ihre Schwingungen.
Wir suchen uns fast immer Freunde aus, die ungefähr die gleichen Schwingungen haben, weil wir uns dann total gut fühlen und gerne mit ihnen zusammen sind.

Sind unsere eigenen Schwingungen harmonisch, sind wir meist gesund und glücklich.
Wenn wir krank sind, können Heiler oder Therapeuten an unseren Schwingungen arbeiten, um sie wieder in Harmonie und Balance zu bringen.
Sind sie wieder in Balance, können sie frei fließen, und der Mensch wird wieder gesund und fühlt sich pudelwohl.

31. ... Telepathie?

Viele Menschen können über große Distanzen hinweg Gedanken und Emotionen, die quasi durch die Luft schwirren, spüren und lesen. Dieses Fühlen auf Abstand nennen wir Telepathie oder Gedankenlesen.

Einen Menschen, der dies vermag, nennen wir einen Telepathen.

Du weißt ja, dass alle Gedanken real sind und aus Energie bestehen. Diese Gedankenenergien reisen auf verschiedenen Ebenen durch die Luft.
Solche Ebenen nennen wir Schwingungswellen.

Wenn du ein Radio auf einen bestimmten Sender oder eine bestimmte Schwingungswelle einstellst, kannst du Musik oder Sprache hören. So funktioniert das auch mit Telepathie. Stellst du dich auf die Welle einer Person ein – egal ob sie bei dir im Raum oder in einer anderen Stadt ist –, kannst du ihre Gedanken empfangen und fühlen.

Eigentlich fühlen wir im Leben vieles telepathisch, achten aber nicht sehr darauf. Manchmal fühlt man, dass ein Freund bald anrufen wird. Vielleicht läufst du schon zum Telefon, obwohl es noch gar nicht geklingelt hat. Bald läutet es. Der Freund, an den du gerade gedacht hast, ist dran. Du hast telepatisch gespürt, wie er an dich dachte.

Achte in der Zukunft aufmerksam darauf. Es passiert öfter, als du denkst!

Wenn wir mehr auf diese Schwingungswellen achten, können wir unsere telepathischen Fähigkeiten entwickeln. Wir können Situationen vorherahnen oder erspüren, wie andere Menschen wirklich sind.

Telepathie ist ein spirituelles Geschenk Gottes. Darum ist es wichtig, dass wir es für uns und das Wohl der Menschen einsetzen.

Manchmal siehst du die Farben um eine Person herum – in ihrer Aura. Du siehst dann eigentlich die Gefühle der Person. So kann es sein, dass eine Tante, die Großmutter oder ein Onkel für dich eine „grüne" oder eine „rote" Person ist.

Wenn du einer Person viel Liebe schickst, kann es geschehen, dass sich deren Farbe spontan ändert, weil sie sich geliebt fühlt.

32 ... Heilen?

Sind wir in Harmonie und Frieden mit uns selbst, fühlen wir uns meist wohl und gesund. Verstecken wir Probleme, sind wir gestresst oder über etwas verärgert, kann uns das krank machen.

Du weißt, dass Gedanken und Gefühle eine große Kraft haben. Sie können sich langsam manifestieren und wahr werden. Wenn du immer sauer bist, wird auch dein Körper sauer werden, und dann wirst du krank.
Gedanken haben aber auch eine große Heilkraft, und zwar dann, wenn du in eine heilende, positive Gedanken denkst.

In deinem Kopf hast du das weiße Licht. Du kannst es benutzen, um deinem Körper zu helfen, dass er sich selbst heilt, wenn du krank oder verletzt bist.
Sende dann die Kraft deiner Gedanken zusammen mit dem weißen Licht an die erkrankte Stelle. Gleichzeitig stelle dir vor, dass diese Stelle wieder vollkommen gesund ist.
Du wirst sehen, es wirkt und es ist „kinderleicht".
Gesund zu sein bedeutet, zufrieden zu sein mit deinem Leben, mit dem, was du hast und dich zu mögen wie du bist. Wenn das so ist, fließen deine Energien vollkommen frei.
Am wichtigsten ist es aber, dass du dich selbst und das Leben liebst.

33. ... ein Geistführer?

Viele Lichtwesen kommen zur Erde, um unsere Lehrer und Meister zu sein. Sie werden Geistführer genannt, weil sie den Geist und die spirituellen Gesetze bestens kennen und verstanden haben.

Geistführer können weiblich oder männlich sein und existieren in anderen Ebenen und Dimensionen, die wir nicht mit den Augen des Erdenkörpers sehen können.

Manche haben vor langer Zeit auf unserem Planeten gelebt. Sie reisen durch den Kosmos, durch viele Sonnensysteme, und sind mit zahlreichen Wesen in anderen Lichtwelten und Universen verbunden.

Sie sind da, um uns auf unserem spirituellen Weg zu helfen. Wenn die Menschen sich selbst und Gott durch die Lehren der Geistführer besser verstehen könnten, würde es mehr Freude und Frieden auf der Erde geben.

Geistführer leiten dich durch dein Leben und helfen dir, deine Lebensaufgabe zu erkennen und deine höchsten Potenziale zu entwickeln. Sie können dir viel Wissen und Weisheit vermitteln und dich damit zur Erfüllung deiner Lebensaufgabe führen.

Wenn du dich konzentrierst und ganz still bist, kannst du lernen, ihnen zuzuhören.

Geistführer bringen viel Liebe, Mitgefühl und Freude auf die Erde und zu den Menschen.

Teil IV:
Mama, ist Gott in allen Dingen?

34. Unsere Sternengeschwister

Im Universum gibt es viele Wesen, die auf anderen Sternen oder Planeten und in anderen Sonnensystemen leben. Diese Wesen nennen wir auch unsere Sternenbrüder und Sternenschwestern.

Sie sind natürlich auch Lichtwesen, genau wie du es bist.

Einige von ihnen gehören auch zu unserer himmlischen Seelenfamilie; manchmal kennen wir sie sogar.

Nachts kommen sie in deine Träume und spielen mit dir. Zuweilen, wenn du ganz still wirst oder inmitten von Pflanzen oder an einem Baum in der Natur sitzt, kommen sie dich auch tagsüber besuchen.

Sie können sehr groß sein, weil auf manchen Sternen die Wesen viel größer sind, als wir auf der Erde.

Es gibt jedoch auch Sterne, auf denen die Wesen winzig klein sind. Aber das macht nichts, denn die Größe ist überhaupt nicht wichtig!

Wir spüren die Verbindung zu unseren Sternenge-schwistern mit dem Herzen. Das ist wichtig, weil auf diese Weise viel Liebe zwischen uns fließen kann.

35. Bäume können sprechen

Du weißt ja, dass alles, was lebt, sprechen oder sich energetisch ausdrücken kann. Sogar der Wind, das Wasser oder die Blumen.

Die Bäume können manchmal sehr laut werden, wenn sie miteinander reden.
Sie tratschen gerne und erzählen einander andauernd Neuigkeiten oder teilen sich wichtige Botschaften mit.

Wenn einem Baum etwas passiert, er beispielsweise durch einen Menschen verletzt wird, dann wissen es blitzschnell alle Bäume in der Umgebung, da sie immer miteinander in Verbindung stehen.

Oft wissen es auch jene Bäume, die weiter entfernt stehen, da die Bäume die traurige Nachricht einfach an den nächsten Baum weitergeben.

Verletzt jemand also einen Baum, spüren ALLE Bäume die Schmerzen, da sie sie miterleiden. Wenn du zu einem Baum gehst, den du gerne hast, wird er – da bin ich mir sicher – mit dir sprechen wollen. Er kann dir vieles erzählen: über den Platz, an dem er wächst, über die Straße, die Leute in der Umgebung, über die anderen Bäume und über vieles mehr.

Du kannst ihm auch Fragen stellen und still werden, um seiner Antwort zu lauschen. Vielleicht wird der

Wind ihm helfen und die Blätter rauschen lassen, während er dir antwortet.

36. Die Elfen

Elfen sind die lichtvollsten Wesen der Naturreiche. Sie stehen den Menschen sehr nah. Ihre Aufgabe ist es, den Engeln zu helfen, und sie haben eine große Sehnsucht nach Frieden auf der Welt. Darum helfen sie allen Menschen, Tag und Nacht, in Frieden zu leben.
Es gibt ganz kleine Elfen, wie beispielsweise die Blumenelfen, aber auch größere Elfen, die fast so groß wie Kinder sind.
Manchmal treffen sie sich, am liebsten in der Natur. Sie sind dann fröhlich, und wo sie sitzen, ist es immer sehr ruhig und friedlich.
Elfen können ihr Aussehen ändern. Je nach Wunsch vermögen Sie es, größer oder kleiner zu werden.

Sie passen sich den Menschen, die sie besuchen, an, damit diese sich wohlfühlen.

37. Die Devas

Es gibt Engelwesen, die speziell von Gott erschaffen wurden, um für alle Pflanzen auf der Erde zu sorgen.

Sie sind immer damit beschäftigt den Pflanzen und Bäumen zu helfen, damit sie beim Heranwachsen gesund sind und stark werden.

Diese Wesen werden Devas genannt. Sie sind wie kleine Engel und besitzen viel Licht und viel Liebe. Die Devas sind äußerst hilfsbereit und freuen sich sehr, wenn die Menschen sie sehen können. Vor allem mögen sie es, wenn Kinder sie sehen und mit ihnen sprechen.

Aber sie freuen sich noch mehr, wenn wir alle Pflanzen lieben, die Natur achten und respektieren und keinem Wesen Schmerz zufügen.

Du kannst die Devas immer um Hilfe bitten, wenn du Pflanzen in deinem Zimmer hast oder wenn deine Familie ein Gemüsebeet im Garten hat. Bitte die Devas einfach darum, gut für die Pflanzen zu sorgen. Ihr werdet dann sicherlich viele Früchte, Kräuter, Blumen oder Gemüse ernten. Mit der Hilfe der Devas wachsen die Pflanzen viel besser und gedeihen gesund und stark.

Am allerwichtigsten für die Devas ist es, dass du sie liebst und die Natur achtest. Neben den Devas kümmern sich noch viele andere Wesen um die Natur, wie beispielsweise die Naturgeister, die Zwerge, die Elfen und die Feen.

Jedes dieser Wesen hat von Gott einen eigenen besonderen Auftrag bekommen und sorgt für bestimmte Teile der Natur. Wenn die Natur krank ist, leiden auch die anderen Wesen darunter. Die Menschen und die Tiere werden dann ebenfalls krank.
Weil sie für unser aller Wohl arbeiten, ist es wichtig, den Devas zu helfen.

38. Kristalle und Steine

In Kristallen und Steinen leben kraftvolle Wesen, die voller Liebe und Hingabe sind. Kristalle und Steine haben große Energieantennen, die mit dem Kosmos verbunden sind. Sie nehmen die göttliche Lebenskraft auf und verteilen sie über die ganze Erde.

Mutter Erde hat sogenannte Meridiane oder Kraftlinien – genauso wie wir Venen und Energiebahnen in unserem Körper haben. Hierdurch fließen das Erdblut und die Erdenergie. Die Kristalle und Steine sind sehr wichtig für Mutter Erde, um sie gesund und stark zu erhalten.

Ansammlungen von Steinen gibt es an vielen verschiedenen Plätzen der Erde, manche sind wahre Kraftorte. Sie heißen dann so, weil dort viel Energie für Mutter Erde angesammelt wird. Oft sind die Steine so groß, dass sie fast wie Felsen ausschauen. Wenn du dich auf diese Steine setzt, kannst du die starke Energie richtig fühlen.

Kristalle speichern viel Licht und strahlen es aus, ähnlich wie du es schon von der Aura kennst. Sie sind sehr kraftvoll und können Menschen helfen, wieder gesund zu werden.

Viele Heiler benutzen darum Kristalle in verschiedenen Farben. Es hilft auch, einen Kristall oder Stein in der Hosentasche zu tragen, wenn du dich nicht gut fühlst. Jeder Kristall oder Stein hat eine bestimmte Aufgabe. Sie alle können dem Körper und den Gefühlen helfen, zu heilen.

Die Kristalle wachsen im Innern der Berge, wo es ganz, ganz dunkel ist. Dort sammeln sie all das Licht, das von Gott kommt, und wenn sie aus der Erde herausgeholt werden, sind sie kraftvoll, manchmal farbenprächtig oder auch durchsichtig.

39. Unsere Schutztiere

Obwohl ein Schutztier wie ein echtes Tier ist, ist es doch etwas anderes. Obwohl es lebensecht erscheint, lebt es in der unsichtbaren Welt.

Jeder Mensch ist mit einem Tier (oder manchmal auch mit zweien) verbunden, das ihm im Leben wie ein guter Freund zur Seite steht. Es ist wie ein „unsichtbarer" Freund. Du selbst kannst es vielleicht ganz deutlich sehen, andere Menschen jedoch nicht.

Dieses Tier, das zu dir gehört und immer bei dir ist, nennen wir dein Schutztier. Wenn es besonders stark ist und dich beschützt, nennen wir es auch dein Krafttier.

Es kann ein Hund sein oder eine Katze, ein Löwe, ein Elefant oder vielleicht eine Ameise. Wie groß oder klein, wie stark oder listig dein Schutztier ist, ist nicht unbedingt von Bedeutung

Viel wichtiger ist es, dass du zu ihm einen guten Kontakt hast und ihr beide viel und frei miteinander sprechen könnt.

Immer wenn du Angst verspürst, wenn du in einer schwierigen Situation bist oder dich schwach fühlst, kannst du dein Schutztier zu dir rufen. Es wird sofort bei dir sein, dir helfen und dich schützen.

Das Schutztier bleibt dein ganzes Leben lang bei dir und hat dich immer ganz doll lieb.

40. Die Delfine

Die Delfine leben in den Ozeanen und gehören zur Familie der Wale. Sie sind nur etwas kleiner, können dafür aber sehr schnell schwimmen. Sie sind sehr liebevoll.

Sie sind unsere Brüder und Schwestern aus den Weltmeeren und können uns dabei helfen, besser und schneller zu denken bzw. mit unserem Gehirn zu arbeiten. Das Gehirn hat zwei Hälften, die gut miteinander verbunden sein müssen, um arbeiten zu können. Gerade bei Kindern funktioniert diese Zusammenarbeit im Gehirn oft noch nicht so gut.

Delfine sind weltweit die einzigen Wesen, die eine Hälfte des Gehirns wach halten können, während die andere Hälfte schläft. Das müssen sie können, um überleben zu können. Sie schlafen im Wasser, aber da sie in einem bestimmten Rhythmus Luft einatmen müssen, schlafen Delfine nur mit einer Hälfte des Gehirns und die andere sorgt dafür, dass sie regelmäßig an die Wasseroberfläche auftauchen.

Da Delfine viel über die Gehirnfunktionen wissen, können sie dir gut zeigen, wie du schwierige Schulaufgaben erledigen kannst. Bitte sie einfach darum, zu dir zu kommen und dir beim Rechnen oder Lesen zu helfen. Sie werden da sein!

Vielleicht bemerkst du nicht immer ihre Anwesenheit, aber es fällt dir bestimmt leichter, die Aufgaben zu verstehen, weil sie dich energetisch unterstützen.

Außerdem bringen sie viel Freude, Liebe und Fröhlichkeit, wenn du dich mit ihnen verbindest oder an sie denkst.

Teil V:
Mama, was ist Liebe?

41. Richtig – falsch; kalt – warm

Wir Menschen leben in einem Universum der Polarität. Alles auf der Erde besitzt Pole, was du sicher von Magneten, die auch einen Minuspol und einen Pluspol haben, kennst.

Daher kennen wir Menschen auf der Erde immer zwei entgegengesetzte Dinge, wie beispielsweise:
richtig–falsch; kalt–warm; hell–dunkel; rechts–links; oben–unten; Nord–Süd; Liebe–Hass; Krieg–Frieden.

Die meisten Dinge auf dieser Erde bestehen aus Gegensätzen. Es gibt immer einen Minus- und einen Pluspol, wobei der eine das Gegenstück des anderen ist.

Diese zwei Pole ziehen einander an oder stoßen einander ab – sie können jedoch nicht ohne einander existieren. Gibt es ein Oben, muss es also auch ein Unten im Leben geben – und umgekehrt.
Das nennt man Polarität.

Die Erde besitzt auch einen Nordpol und einen Südpol und sogar unser Körper ist „polar". Wir haben eine linke und eine rechte Seite. Die linke nennen wir die weibliche Seite, sie verkörpert den Minuspol. Die rechte nennen wir die männliche Seite, sie entspricht dem Pluspol.

Wenn du die Handflächen wie beim Beten vor der Brust zusammenbringst, kommen Minus und Plus durch die Berührung deiner Hände zusammen. Das ist es, was Beten so kraftvoll macht.

Nur das Licht Gottes hat keine zwei Pole. Dort ist alles EINS. Darum wird an diesem Ort die Liebe geboren. Für uns Menschen ist es das höchste Ziel, zu lernen, wie wir die Pole überwinden können, damit die Liebe Gottes voll durch unsere Herzen leben kann.
Dann wird Frieden auf Erden für alle Wesen sein.

42. Geben ist gleich Nehmen

Viele Menschen glauben, dass es sie bereichert, wenn sie etwas bekommen und dass es sie sofort ärmer macht, wenn sie etwas verschenken oder weggeben.

Das stimmt so aber nicht! Die Naturgesetze besagen etwas ganz anderes: Wenn wir geben, bekommen wir energetisch genau das zurück, was wir geben.

Also: Je mehr wir verschenken oder mit anderen teilen, desto mehr bekommen wir auch zurück.

Wir bezeichnen dies als das Prinzip der Resonanz. Wahres Geben und Nehmen sitzen im Herzen und wenn sie in Harmonie und Gleichgewicht sind, ist der Mensch ganz automatisch glücklich und zufrieden.

Es gibt viele Menschen, die nicht glücklich sind, weil sie alles für sich behalten wollen. Sie haben große Angst, etwas zu verschenken. Sie werden meistens nicht sehr viel vom Leben geschenkt bekommen, was sie dann natürlich NOCH unglücklicher macht.

Ein Mensch, der viel und gerne gibt und mit anderen teilt, wird dafür oft reich belohnt, auch von Menschen, die er gar nicht kennt. Gott und die Engel sehen sein Verhalten und sorgen dafür, dass es ihm an nichts fehlen wird.

So wirkt das Naturgesetz, das weltweit für das Gleichgewicht von „Nehmen und Geben" sorgt.

43. Frieden entsteht im Inneren

Wahrer Frieden kommt von innen. Du spürst es beispielsweise, wenn dein Herz geöffnet ist und du ganz viel Liebe für alle Menschen und den ganzen Planeten fühlst.

In Frieden sein heißt auch, dass du dein eigenes Licht mit viel Freude ausstrahlst. Du liebst dich und die anderen so, wie sie sind – und nicht, wie du sie gerne haben würdest.

Wir möchten oft, dass andere tun, was WIR wollen, oder sich in unserem Sinne ändern. Doch das entspricht nicht der Liebe Gottes. Gott liebt bedingungslos, das heißt, ohne etwas zu fordern. Wollen wir andere Menschen ändern oder verurteilen wir sie, ist das Lieben mit Bedingungen: Und das bringt nie im Leben Frieden.

Wenn du in deinem Herzen Frieden fühlst, ist es, als ob dein Herz anfängt zu singen, weil du voller Glücksgefühl bist. Alle Menschen, Tiere und Wesen können dann das Lied deines Herzens fühlen und reagieren darauf.

Zusammen fangt ihr dann an, auf der gleichen Welle zu schwingen, so als wenn alle zusammen ein schönes Lied singen oder in einem Orchester zusammen Musik machen. Es entsteht eine wunderbare Melodie.

Wenn jeder Mensch ein singendes Herz hat, wird auf der ganzen Welt Frieden herrschen; die Menschen und Tiere würden sich frei fühlen und hätten keine Angst mehr!

Da die äußere Welt ein Spiegel der inneren Welt ist, lasst uns also dafür sorgen, dass Frieden im Inneren, in uns selbst, entsteht, damit die Welt auch äußerlich friedlich werden kann.

Fange also am besten gleich damit an, im Frieden zu leben, damit andere es fühlen können und auch bei ihnen Frieden im Herzen entsteht.

44. Botschaften empfangen

Alle Menschen können, wenn sie ganz still werden, mit Gott oder ihren Engeln reden. Mit dieser Fähigkeit wurden wir geboren.

Viele haben es nur vergessen oder fanden es nicht so wichtig, als sie klein waren. Manchmal verstehen die Eltern diese Gespräche nicht, mahnen zur Ruhe oder wollen, dass ihre Kinder damit aufhören.

Wir können jedoch Fragen stellen und zuhören, wie die Engel zu uns sprechen. Das hört sich dann so an, als ob du Stimmen in deinem Kopf reden hörst. Es kann auch sein, dass du Bilder oder sogar ganze Filme in deinem Kopf siehst, fast so, als hättest du eine Art Leinwand im Kopf.

Wenn wir mit Gott oder den Engeln reden, öffnet sich ein Lichtkanal in unserem Kopf. Durch diesen Kanal wird jene Kommunikation ermöglicht, die von vielen Menschen „Botschaften empfangen" genannt wird.

Diese Botschaften können dich darin unterstützen, Dinge zu verstehen, die dir nicht deutlich sind. Auch kann das Sprechen mit Gott und den Engeln dir helfen, dich in bestimmten Situationen weniger einsam zu fühlen.

Es gibt Leute auf der Welt, deren Lebensaufgabe es ist,

für andere Menschen mit den Schutzengeln oder Gott zu sprechen, um ihnen zu helfen, wenn sie beispielsweise krank, traurig oder depressiv sind.

Das ist eine wundervolle Arbeit und wird „Channeln" genannt.

45. Was ist Liebe?

Die Liebe ist etwas Wunderbares. Sie ist wie ein Kleb-stoff, der unser Universum zusammenhält und dafür sorgt, dass die Menschen auf dieser Welt überleben können.

Sie ist ein Geschenk Gottes, das er im Herzen des Men-schen versteckt hat. In deinem Herzen lebt die Liebe von dem Moment an, in dem du geboren wurdest, und sie ist bis an dein Lebensende dort.

Liebe geht nie verloren, weil sie immer in Gott bleibt und im Himmel dafür gesorgt wird, dass sie ewig wei-terleben darf.

Diese Liebe sollten wir nutzen, um sie anderen zu schenken. Auch sollten wir die Tiere, die Pflanzen, Kristalle und Steine, die Bäume, Insekten, Engel und Feen bewusst lieben.

Die Liebe, von der ich spreche, strahlt aus deinem Herzen heraus und bringt Freude, Glück und rosaro-tes Licht zu den Menschen und allen Wesen in deiner Umgebung.

Leider gibt es auch viele Leute auf der Welt, die diese Liebe im Herzen nicht kennen oder spüren. Sie strah-len sie nie so aus, wie du es vom Ausstrahlen der Aura kennst. Sie können andere nicht lieben, aus ganz unterschiedlichen Gründen, aber meist, weil sie selbst nie Liebe erfahren haben.

Deshalb sind sie oft unfreundlich, ärgerlich und haben keine Geduld. Diese Menschen können sich oft nicht einmal selbst liebhaben, weil sie es nie lernten, und das strahlen sie dann unbewusst nach außen aus.

Liebe ist fröhlich; Liebe ist ohne Bedingungen; Liebe ist leise; Liebe ist still; Liebe ist warm; Liebe ist Umarmen und alles Gute wünschen; Liebe ist geben; Liebe ist mit anderen teilen; Liebe ist Gott; Liebe ist einfach mega-cool!

46. Das Einheits-Gitternetz, das die Erde umgibt

Rund um unsere Erde existiert ein großes Licht-Gitternetz, das ein wenig wie ein rundes Spinnennetz oder ein Donut aussieht. Es ist sehr wichtig für das Überleben aller Menschen und wird auch das spirituelle Einheits-Gitternetz genannt.

Es enthält alle Informationen, die mit dem Menschen zu tun haben und ist ganz, ganz weit von der Erde entfernt, etwa ungefähr 300 Kilometer.

Die Russen, Amerikaner und Franzosen konnten es schon vor vielen Jahren mit ihren kosmischen Apparaten sehen und messen.

Wenn du ganz still wirst und dich für die höheren Energien Gottes öffnest, kannst du dich mit diesem Netz (ähnlich wie in der Meditation) verbinden. Das Gitternetz ist aus vielen geometrischen Mustern aufgebaut. Sie wirken wie dreieckige, viereckige, runde oder ovale Tore, durch die wir hindurch- und hineingehen können.

In unserer Vorstellung durch dieses Gitternetz „zu reisen" ist wunderschön, da wir dort vielen Erdenmenschen, vor allem vielen Kindern, begegnen, die ebenfalls dort herumreisen. Sie kommunizieren telepathisch miteinander.

Das Gitternetz ist für alle Menschen auf der Erde sehr wichtig, weil sie ohne es nicht überleben könnten.

Jede Art von Lebewesen (wie beispielsweise Säugetiere, Fische, Vögel) hat ein eigenes Gitternetz, das um die Erde schwebt, damit auch sie überleben können.

Schlusswort

Märchen, Fabeln und Geschichten sind Gold für unsere Herzen

Schon seit undenklichen Zeiten werden Geschichten, Fabeln und Märchen erzählt und geliebt. Sie eignen sich hervorragend, um Veränderungs- und Lernprozesse zu veranschaulichen, zu fördern und zu unterstützen, da man sich gut mit den Figuren identifizieren kann.

Seit Menschen auf der Erde existieren wurden sie bei allen Völkern dieser Welt angewendet, um die Gesetze des Lebens zu verdeutlichen und um Weisheit im Handeln zu vermitteln.
Die Märchen oder Geschichten wurden lange Zeit mündlich weitergegeben, was bis heute in vielen Teilen der Welt noch die gängige Form der Überlieferung geblieben ist, vor allem bei den indigenen Völkern.

In allen Kulturen, wie z.B. in den uralten europäischen, indischen oder tibetischen, finden wir viele Märchen, Fabeln und Parabeln.

In diesem Sinne bediene ich mich auch gerne des Erzählens kleiner Geschichten, die unser Leben, Gott und alles, was damit in Verbindung steht, auf interessante, spielerisch-leichte und für Kinder gut verständliche Art erklären.

Sie können diese Kurzgeschichten vor dem Schlafengehen einfach in aller Ruhe vorlesen und es danach ihrer aller Phantasie überlassen, welche Botschaften sie übermitteln möchten.

Durch die Verschlüsselung und Indirektheit einerseits und die Konkretisierungen, die in den Geschichten versteckt sind, andererseits, werden wir – egal, wie alt wir sind – zum Nachdenken gebracht. Dies hilft uns, das eigene Verhalten zu erklären und – wenn nötig – zu verändern.

Wenn also jemand eine Geschichte oder ein Märchen in der Absicht erzählt, andere Menschen auf einen neuen, bis dahin noch unbekannten Weg zu geleiten, sind die vermittelten Erkenntnisse Resultate der eigenen Suche und keine vorgegebenen Schemata! Daher können sie von den Zuhörenden leicht nachvollzogen werden.

Eine Geschichte veranlasst den Leser oder Zuhörer, Dinge, einen Zusammenhang oder ein Geschehen von einem anderen Blickwinkel aus zu betrachten und auf diese Weise zu neuen Einsichten zu gelangen. Das war von Anfang an die Absicht, die ich beim Schreiben dieses Buches hatte.

Der Dialog, der ohne Zweifel mit den Kindern in

Gang kommt, bringt viele, tief im Inneren des Kindes verborgene Gedanken, Zweifel, aber auch wundervolle ungeahnte Lösungen an die Oberfläche. Dies hilft wiederum Ihnen als Eltern, ihre Kinder besser zu verstehen.

Zuweilen werden Sie sicher überrascht sein, zu hören, wie viel ihre Kinder wissen und verstehen, was sie wahrnehmen und mit welcher Natürlichkeit sie die unsichtbaren Welten annehmen.

Ich glaube, dass es die vielleicht größte Kunst ist, Wissen mithilfe von Geschichten liebevoll darzustellen und zu vermitteln und somit zum Nachdenken über menschliche Themen, Probleme, Fragen und Unsicherheiten anzuregen.

Über Carolina Hehenkamp und ihre Lebensaufgabe

Nach zwanzigjähriger Modedesign- und Journalistik-Karriere arbeitet Carolina Hehenkamp seit Anfang der 90er-Jahre als Therapeutin, Beraterin und Lehrerin mit Menschen, die sich wünschen, den geistigen, spirituellen Weg zu gehen, um in ihrem Leben mehr Leichtigkeit, Gesundheit, Fülle und Liebe zu erfahren. Sie vermag es, Familien bei der Überwindung verschiedenster Probleme zu helfen, da sie versteht, wie die neuen Generationen fühlen, handeln und denken.

Sich selbst versteht sie als Pionierin der Indigo- und Kristallkindergenerationen. Sie kam als Teil der ersten Welle von neuen Wesen zur Erde, einige Jahre nach dem Zweiten Weltkrieg. 1999 gründete sie den Indigo-Kinder-Lichtring mit der Website www.indigokinder.de.

Ihre Bücher „Das Indigo-Phänomen", „Der Indigo-Ratgeber" und „Indigos öffnen ihre Seelen" sind in vielen Ländern bekannt. Seit 2000 konnten sie vielen Menschen helfen, neue Wege mit den Kindern und ihren Familien zu gehen.

Während den letzten acht Jahren fingen viele Eltern und Begleitpersonen an, sich selbst und die Kinder besser zu verstehen. So brachten sie in gewisser Weise einen Prozess in Gang, der bewirkte, dass sich immer mehr Menschen der großen Veränderungsprozesse, die momentan ablaufen, bewusst werden.

Durch diesen Prozess und das veränderte Verhalten der Erwachsenen können die Kinder ihr Anderssein viel besser verstehen und somit Eltern, Erziehern und auch ihren Altersgenossen ganz anders begegnen.
So entstehen langsam mehr und mehr Möglichkeiten für einen wundervollen Umschwung im Denken und Leben.

In Carolina Hehenkamps Buch „Der Indigo Ratgeber" können Sie zahlreiche Übungen, Tipps und Ideen finden, wenn Sie mit den Kindern etwas klären, erarbeiten oder heilen möchten. Das Buch bietet eine Fülle von Informationen und viele wunderbare Übungen und Hilfestellungen.

Seit 2005 lebt und arbeitet Carolina Hehenkamp überwiegend im Süd-Pazifik, reist jedoch regelmäßig nach Europa, wo sie Lichtarbeiter-Trainings und Indigoprozess-Trainings (für 17- bis 25-Jährige) hält. Sie begleitet Gruppen auf Zeremonienreisen (Osterinsel, Tahiti und Moorea, Maui, Südamerika u.a.) und reist oft nach Mexico/Yucatan zu den Mayas.

Bilder von ihre Zeremonienreisen und Informationen über ihr Jahresprogramm können Sie auf der Website des Indigo-Kinder-Lichtrings finden unter www.indigokinder.de oder auf der Website der Pranalight Lichtarbeit & Sacred Journeys unter www.pranalight.de

Nachwort

Das Buch, das Sie gerade lesen oder gelesen haben (manch einer fängt von hinten an zu lesen!!!), ist mein Geschenk an die vielen Eltern und Begleiter von jungen Kindern, die wirklich einen neuen Weg mit ihnen finden und gehen möchten.

Ich hatte im letzten Jahr zwei Familien mit jeweils mehreren Kindern gebeten, sich sechs, sieben Monate Zeit zu nehmen, die Geschichten abends, vor dem Schlafengehen, vorzulesen und dann zu sehen, was passiert.

Die Erfolge und Reaktionen waren phänomenal. Es ergaben sich fast täglich intensive Dialoge mit den Kindern, egal wie alt sie waren. Mal war es das eine, dann wieder das andere Kind, das mit Fragen oder Einsichten den Dialog eröffnete oder unbedingt Antworten oder Erklärungen wollte.

Kleinere Kinder taten manchmal so, als ob es sie nicht interessierte. Aber wenige Tage, nachdem ein bestimmtes Thema vorgelesen wurde, kam öfters ein fundierter Kommentar oder – wie aus der Pistole geschossen – eine 100.000-Euro-Quizfrage. Diese wurde meist klar und deutlich formuliert. Das Kind hatte offensichtlich die ganzen Tage darüber nachgegrübelt und wollte es jetzt und sofort ganz genau wissen. Auch fingen die Kinder an, untereinander die vorgelesenen und besprochenen Themen zu diskutieren. Manchmal mahnend, zuweilen unterstützend oder tröstend, in anderen Situationen auch, um der Schwester oder dem Bruder Paroli zu bieten.

Die Themen blieben das ganze Jahr über aktuell und es gab und gibt immer noch Diskussionen über Engel, Gott, die Lebensaufgaben und wie das alles so mit dem Himmel, der Erde, dem Licht, der Liebe und uns funktioniert.

Vor allem hatte sich aber etwas Wesentliches in den Familien geändert: Sie hatten jetzt einen gemeinsamen Erfahrungsschatz. Jedes Familienmitglied konnte sich sicher sein, dass sich die anderen nun auch darüber im Klaren waren, dass wir Menschen aus Energie aufgebaut und hier auf der Erde verwurzelt sind, um uns als einzigartige Individuen voll und ganz unseren speziellen Lebensaufgaben zu widmen. Dies gemeinsame Wissen ließ die Familienbande meist noch sehr viel enger werden.

Manche Themen konnten definitiv geklärt werden. Es gab beispielsweise Fälle, in denen sich ein Kind an seine Mutter aus einem vorigen Leben oder an seine Seelenfamilie erinnerte und seiner „irdischen" Mutter klipp und klar sagen konnte: *„Du bist nicht meine Mama!"*

Weiß die Mutter nichts über solche Phänomene, ist sie wahrscheinlich sehr verletzt und verletzt mit ihrem

Verhalten wiederum das Kind, das sich jedoch NUR erinnerte und es nicht böse meint. Durch das Lesen der entsprechenden Kapitel und das Besprechen der Möglichkeiten kann viel aufgeklärt werden, und das Kind behält das Vertrauen in seine Erinnerung.

Die Familien fanden spontan und vor allem „gemeinsam" Lösungen, Antworten und Umgangsmöglichkeiten. Jedes Familienmitglied konnte sich die nötige Zeit zum Reflektieren nehmen. Auch die Eltern! Es wurde ein totales „Miteinander" daraus. Jeder war Teil der Lösung, und so kristallisierte sich ein neuer Umgang mit den Themen des Lebens heraus: spielerisch, ohne Zwang, Druck, Autorität und Besserwisserei. Es gelang leicht, spielerisch und vor allem ehrlich und direkt.

So entstand in jenem halben Jahr mehr Vertrauen zwischen Eltern und Kindern und vor allem auch umgekehrt. Und mit Vertrauen macht das Leben einfach mehr Spaß und Freude! Und wenn das Leben mehr Spaß macht, läuft alles besser, harmonischer. Kinder werden besser in der Schule, geschickter im Benehmen und in der Kommunikation mit anderen! So einfach ist das!

Probleme, verkehrte Verhaltensweisen, spontane Aggressionen oder Ähnliches wurden schneller offen besprochen und geklärt. So gab es schlussendlich weniger, was die Harmonie in der Familie störte.

Ich hatte während der letzten neun Jahre, in denen die Website des *„Indigo-Kinder-Lichtring"* und meine Bücher viele Menschen erreicht hatten, Tausende von E-Mails, Briefen und Anfragen bekommen, auf welche Weise man Kinder schon in jungen Jahren spirituell begleiten könne.

Es schien kaum etwas darüber zu geben. Als ich im Buchhandel und im Internet recherchierte, bekam ich einen leisen Schrecken: Da war wirklich nicht viel zu finden!

Der Weg sollte natürlich nicht allzu schwer sein, da die meisten Familien mit zwei oder drei Kindern nicht über allzu große zusätzliche Energiereservoire verfügen, um neben der alltägliche Erziehung noch eine neue spirituelle Begleitung anzufangen.

Ich glaube, das ist mir mit dem vorliegenden Buch gut gelungen und ich hoffe, dieses Buch erleichtert es Ihnen, den Sprung ins „kalte Wasser" zu wagen.

Sie werden sehen: Das Wasser ist gar nicht so kalt. Es ist eher herrlich lauwarm und wird sie mit Liebe und Wärme empfangen und umsorgen!

Die Kinder werden es Ihnen danken!

Ebenso erschienen im /Stb

264 Seiten
ISBN 978-3-89767-489-9

Carolina Hehenkamp

Das Indigo-Phänomen
Kinder einer neuen Zeit

In diesem Buch wird der Blick in kreativer, offener Weise auf die Lebensaufgaben der neuen Kinder, der Indigo-Kinder, gerichtet. Diese Kinder scheinen
einen Evolutionssprung gemacht zu haben, ihr Leben und Denken wird hauptsächlich von der Intuition bestimmt, und im Vergleich zu »normalen« Kindern
verfügen viele von ihnen über paranormale Fähigkeiten. Die Autorin erklärt in
diesem Buch allgemein verständlich und praxisnah Hintergründe und Bedeutung des Indigo-Phänomens, will den Leser mit ihren Lösungen, Sichtweisen
und Erfahrungen zum Umdenken anregen und eröffnet faszinierende neue Einsichten in die komplexe Beziehung zwischen den Indigo-Kindern, ihren Eltern
und der Gesellschaft.

240 Seiten
ISBN 978-3-89767-493-6

Carolina Hehenkamp

Der Indigo-Ratgeber

Tipps und Übungen für einen entspannten Umgang mit Indigo-Kindern

In diesem Ratgeber finden Sie praktische, leicht durchführbare Übungen, mit denen Sie Ihre ganze Familie so unterstützen und motivieren können, dass ein gesundes und glückliches Leben für Sie alle möglich wird. Sie können damit Ihre Lage und die Ihrer Kinder und Ihrer Familie ganz allein, ohne Hilfe von außen, erheblich verbessern.

Das Buch ist in zwei Teile gegliedert: Im theoretischen Teil werden Sie mit Hintergrundwissen (das menschliche Energiesystem, hemisphärisches Denken, Rolle der Eltern etc.) versorgt. Im zweiten Teil werden zahlreiche Übungen vorgestellt und Tipps gegeben, die es Ihnen ermöglichen, den familiären Alltag mit Ihrem Indigo-Kind entspannter und fröhlicher zu gestalten.

384 Seiten
ISBN 978-3-89767-474-4

Carolina Hehenkamp

Indigos öffnen ihre Seele
Berichte aus der Neuen Zeit

Im dritten Buch der Indigo-Reihe kommen die Kinder und Jugendlichen selbst zu Wort. Anrührende, ehrliche Erfahrungsberichte und Geschichten geben den betroffenen Eltern und Kindern Unterstützung bei den ganz besonderen Themen und Aufgaben. Das wichtigste Anliegen des Buches ist, das Gefühl zu vermitteln, dass niemand allein dasteht.

192 Seiten
ISBN 978-3-89767-479-0

Ingrid Kraaz von Rohr

Die Farben deiner Seele
Handbuch mit 12-Farben-Test

Farben erfüllen eine wichtige Brückenfunktion zwischen körperlichem und emo-
tionalem Empfinden und dem Reich des Seelisch-Geistigen. Dieses Buch zeigt,
wie man mit Licht und Farben harmonische Schwingungen im Energiefeld eines
Lebewesens erzeugen und somit nicht nur Wohlbefinden erlangen, sondern auch
Beschwerden lindern kann. Zahlreiche Farbtherapievorschläge, Informationen
über die Lichtkörper und die Aura eines Menschen, ausführliche Beschreibungen
der verschiedenen Chakren sowie ein 12-Farben-Test machen dieses Buch zu
einem unentbehrlichen Nachschlagewerk der Farbheilkunde.
Es richtet sich an Heilpraktiker und Laien gleichermaßen und ist für Anfänger
und Fortgeschrittene eine Quelle wichtiger Energie-Übungen. Meditationen,
Aurasehen, das Erspüren der einzelnen Chakren und erprobte Behandlungshin-
weise aus der Heilpraxis lassen das Buch zu einem wertvollen Ratgeber werden.